日本語とアムド・チベット語の使役表現の対照研究

札西才譲［タシツリン］

KASAMASHOIN

本書は、学習院大学審査学位論文「日本語とアムド・チベット語の使役表現」（2009年9月提出、2010年3月学位授与）を加筆修正したものです。本書の刊行にあたっては、学習院大学大学院人文科学研究科博士論文刊行助成金の支給を受けました。

序文

星　泉
（東京外国語大学アジア・アフリカ言語文化研究所）

　タシツリン氏との出会いは2000年にさかのぼる。東京外国語大学の研究生として来日したタシさん（敬愛の意を込めてこう呼ばせていただく）が、チベット語を研究する私の研究室を訪ねてきてくれたのが最初だった。流暢な日本語でチベットの伝統文化から最新の若者事情に至るまで、実に魅力的な、熱のこもった語り口で話してくれたことを今でも思い出す。

　タシさんの話すアムド・チベット語に興味を惹かれた私は、基礎的な言語調査をさせてもらううちに、様々な面白い文法現象があるのに、まだそれがきちんと研究されていないことに気づいた。タシさんには言語学を勉強して、アムド・チベット語の文法記述を専門にしたらどうかと勧めた。今思えば若干的外れの提案だったかもしれない。なぜならタシさんの日本留学の目的は、日本語教育を通じて、日本の先進的な科学技術や文化を学ぶ若いチベット人を増やし、チベットの将来のために貢献できる若者を育てることだったからだ。

　しばらくして、タシさんから学習院大学の大学院に入学したという知らせをうけた。日本語教育という観点から、日本語とチベット語の対照研究をすることにしたというのだ。いかに効率的に日本語のできる人材を教育するかという、まさにタシさんの目的に沿ったものだった。

　それからのタシさんはアムド・チベット語と日本語の使役表現の対照研究をテーマに選び、調査・研究に邁進していった。日本語の使役表現に関する多数の研究論文を読破するとともに、アムド・チベット語の使役表現に関する調査・研究を進め、様々な観点から両言語の詳細な比較を行い、博士論文としてまとめあげた。その成果は本書にみる通りである。

　私の知る限り、チベット語の研究史上、使役表現に関するここまで詳細な研究は世界的にも類を見ない。私自身、チベット語の研究者として大いに刺激を受けた。私の研究対象であるチベット語ラサ方言やチベット文語では、おおよそ日本語の使役表現に対応するものと考えていたが、本研究の成果をみると、

そう簡単には言えないようである。本書では、アムド・チベット語の特徴を詳細に描き出しているが、日本語との対照というだけでなく、各地域のチベット語との比較もしてみると、新たな成果につながるにちがいない。

　本書刊行の背景には、日本語の使役表現に関する高水準の研究をきちんと吸収し、そこで得られた客観的な視点を武器に、母語を観察・分析するというタシさんの地道な努力がある。本書の刊行はチベットにおける日本語教育の発展に寄与するだけでなく、チベット語の研究にも新鮮な刺激を与えるものになるだろう。

　タシさんは現在、青海民族大学外国語学院の副院長をつとめている。ますます多忙を極めているにもかかわらず、チベット人学生のために『日蔵ポケット辞書』や『チベット概説』など有用な辞書や副読本を立て続けに刊行し続けている。そしてタシさんのもとで勉強した学生たちを、留学生として日本に多数送り出している。

　タシさんが、来日当初から熱く語ってくれた十数年来の夢に向けて地着々と歩を進めていることを嬉しく思う。本書はまさにその夢への大きな一歩であり、刊行を心から祝福したい。そしてタシさんの熱意が若い人たちに受け継がれ、チベット人によるチベット人のための教育がますます発展することを祈願する次第である。

2011年 8 月

目　次

序文　　星泉　　　i
本書の概要　　前田直子　　　ix

序　章 ……………………………………………………………………… *1*

1. 本研究の研究対象 ……………………………………………………… *1*
2. アムド・チベット語の音素と音韻表記 …………………………… *1*
   2.1　子音音素　*1*
   2.2　母音　*3*
   2.3　末子音　*3*
3. チベット語の基礎知識 ………………………………………………… *3*
   3.1　チベット語の歴史　*4*
   3.2　チベット語の方言　*7*
   3.3　チベット語の言語的な特徴　*7*

第1章　両言語の使役表現の形態的な特徴 …………………… *10*

1. 日本語の使役表現の形態 ……………………………………………… *10*
2. アムド・チベット語の使役表現の形態的特徴 …………………… *13*

iii

2.1 「要素B (jeug)」についての考察　*14*
2.2 「要素A ('xeu)」に対する考察　*16*
　2.2.1 「要素A ('xeu)」の音韻的な特徴　*16*
　2.2.2 「要素A ('xeu)」の文法的機能　*17*
2.3 使役態とその否定形　*21*
3．本章のまとめ……………………………………………………………*23*

第2章　両言語の使役表現の統語的な特徴……………*24*

1．日本語の使役表現の統語的特徴…………………………………………*25*
　1.1 日本語の使役表現　*25*
　1.2 日本語の「使役文」と「非使役文」の関係　*27*
　1.3 「を使役文」と「に使役文」　*28*
　1.4 「を使役文」と「に使役文」の意味的違いについての先行研究　*31*
　1.5 まとめ　*32*
2．アムド・チベット語の使役表現の統語的特徴………………………*33*
　2.1 アムド・チベット語の使役表現　*33*
　2.2 「使役文」と「非使役文」の関係　*34*
　2.3 「φ格使役」と「a格使役」になりうる動詞　*39*
　2.4 まとめ　*41*
3．本章のまとめ……………………………………………………………*42*

第3章　使役表現のタイプと述語となる動詞の関係……*43*

1．両言語の使役表現のタイプ……………………………………………*43*
　1.1 直接関与型　*43*
　1.2 非関与型　*44*

  1.3 間接関与型　*45*
  1.4 まとめ　*47*
 2．両言語の使役表現のタイプと動詞の関係…………………………………*48*
  2.1 意志動詞の場合　*48*
  2.2 無意志動詞の場合　*50*
  2.3 特殊な動詞「死ぬ／xeu」の場合　*52*
 3．本章のまとめ………………………………………………………………*53*

第4章　使役表現の意味と語用論的な意味の関係……*54*

 1．使役表現の意味に対する先行研究…………………………………………*54*
 2．使役表現の意味と語用論的意味……………………………………………*57*
  2.1 基本的な意味　*57*
  2.2 語用論的意味　*58*
 3．本章のまとめ………………………………………………………………*64*

第5章　直接関与型使役表現の意味……*66*

 1．意志動詞が述語になる場合…………………………………………………*66*
  1.1 両言語に共通する語用論的意味　*66*
   1.1.1 「WがXに何かをさせる」ことを一つの事実として
     捉える場合　*67*
   1.1.2 話し手が「被使役者の心境」を前面化して捉える場合　*70*
   1.1.3 話し手が「被使役者の心境」を視野に入れながら「使
     役者の心境」を前面化して捉える場合　*75*
   1.1.4 本節のまとめ　*79*
  1.2 両言語の語用論的意味における相違点　*82*

1.2.1　表現上の社会的な制約の違い　*82*

　　　1.2.2　迷惑付与と迷惑受領における違い　*84*

　　　1.2.3　利益付与と利益受領における違い　*87*

　　　1.2.4　迷惑付与と利益逆戻りにおける違い　*89*

　　　1.2.5　〈語彙的他動〉の意味を表す場合の違い　*91*

　　　1.2.6　本節のまとめ　*95*

　2．無意志動作が述語になる場合 …………………………………………*97*

　　2.1　両言語に共通する語用論的意味の分類　*97*

　　　2.1.1　人の心理的・生理的変化を表す無意志動詞が述語となる場合　*98*

　　　2.1.2　モノやコトの変化を表す無意志動詞が述語となる場合　*106*

　　　2.1.3　本節のまとめ　*108*

　　2.2　無意志動詞が述語となる場合の両言語の相違点　*110*

　　　2.2.1　有対無意志自動詞が述語となる場合の違い　*110*

　　　2.2.2　使役者と被使役者が同じ人間の場合の違い　*111*

　　　2.2.3　被使役者が使役者の体の一部である場合の違い　*113*

　　　2.2.4　述語となる動詞による違い　*116*

　　　2.2.5　本節のまとめ　*124*

　3．本章のまとめ ……………………………………………………………*126*

第6章　間接関与型使役表現の意味 ……………………………*131*

　1．意志動詞が述語となる場合 ……………………………………………*131*

　　1.1　両言語に共通する語用論的意味　*131*

　　　1.1.1　許可　*132*

　　　1.1.2　放任　*134*

　　　1.1.3　まとめ　*139*

　　1.2　意志動詞が述語になる場合の両言語の相違点　*139*

      1.2.1　語用論的意味における違い　*139*
      1.2.2　放任を表す文型の違い　*141*
      1.2.3　まとめ　*143*
    1.3　本節のまとめ　*143*
  2. 無意志動詞が述語となる場合 ……………………………………… *144*
    2.1　両言語に共通する語用論的意味　*145*
      2.1.1　有情物の無意志的動詞が述語となる場合　*145*
      2.1.2　無情物の動きを表す無意志動詞が述語となる場合　*151*
      2.1.3　本節のまとめ　*155*
    2.2　無意志動詞が述語になる場合の両言語の相違点　*157*
      2.2.1　語用論的意味の違い　*157*
      2.2.2　放置を表す文型の違い　*158*
      2.2.3　述語となる動詞の違い　*160*
      2.2.4　本節のまとめ　*162*
  3. 本章のまとめ …………………………………………………………… *163*

第7章　非関与型使役表現の意味 ……………………………… *166*

  1. 両言語に共通する語用論的意味 ……………………………………… *166*
    1.1　責任　*166*
    1.2　非難　*167*
  2. 非関与型使役表現における両言語の相違点 ………………………… *168*
    2.1　無意志動詞が述語となる場合　*168*
      2.1.1　人間の生理的変化を表す動詞が述語となる場合　*168*
      2.1.2　人間の心理的変化を表す無意志動詞が述語となる場合　*171*
      2.1.3　モノやコトの変化を表す無意志動詞が述語となる場合　*174*
      2.1.4　まとめ　*176*
    2.2　意志動詞が述語となる場合　*177*

3．本章のまとめ ……………………………………………………… *179*

終　章……………………………………………………………………*181*

1．本研究のまとめ …………………………………………………… *181*
　　1.1　両言語における使役表現の形態的および統語的な特徴　*181*
　　1.2　直接関与型使役表現における両言語の共通点と相違点　*183*
　　　1.2.1　共通点　*183*
　　　1.2.2　相違点　*183*
　　1.3　間接関与型使役表現における両言語の共通点と相違点　*185*
　　　1.3.1　共通点　*185*
　　　1.3.2　相違点　*185*
　　1.4　非関与型使役表現における両言語の共通点と相違点　*186*
　　　1.4.1　共通点　*186*
　　　1.4.2　相違点　*186*
2．本研究の意義 ……………………………………………………… *186*
3．今後の課題 ………………………………………………………… *187*

参考文献　*189*
謝辞　*193*

本書の概要

前 田 直 子
（学習院大学）

　本書は2009年に提出され、2010年3月に学習院大学より博士（日本語日本文学）の学位を授与されたタシツリン氏の論文「日本語とアムド・チベット語の使役表現」に加筆・修正を加えたものである。本書では、日本語と、氏の母語であるアムド・チベット語における使役表現を対象に、両者の形態的・統語的・意味的・語用論的な類似点と相違点が詳細に記述され、独自の観点から分析がなされている。アムド・チベット語の研究として、しかも母語話者の手による研究として、世界的に希有なものであり、またそれを日本語と対照させたこと、さらに両語の対照研究を日本語で記述したということの意義も非常に大きいと考えられる。加えてこの研究により、日本語の使役表現に対しても、興味深い諸特徴が改めてあぶり出されている。
　その具体的な詳細については、ぜひ本書をご覧いただきたいが、ここでは各章の内容を概観し、その内容を簡単に紹介する。

　アムド・チベット語は、チベット語の三大方言（ウツァン・カム・アムド）の一つで、主に青海省や甘粛省のチベット族によって使用されており、三つの方言の中では最も古い形を保つ方言と言われている。著者は論文の序章において、研究の対象および目的を記すとともに、アムド・チベット語の音韻表記法を定め、チベット語の歴史・方言・言語的な特徴をまとめた。
　論文は序章に続き、第1章から第7章までが本論となる。
　まず**第1章**では、両言語の使役表現の形態的な特徴をまとめ、研究の対象を確定した。日本語の使役表現として助動詞「-aseru/-saseru」を伴う表現、またアムド・チベット語の使役表現として、使役助詞「'xeu」と使役動詞「jeug」を伴う表現と定めた。アムド・チベット語におけるこの認定と「使役助詞」「使役動詞」という命名はタシツリン氏独自のものである。
　第2章では、両言語の使役表現の統語的な特徴を分析した。「使役文」を

「非使役文」から派生された文であるととらえ、派生の段階で、もとの非使役文の主語の格助詞がどのような格助詞に交替するかを分析した。日本語では自動詞・他動詞の区別により「を使役文」「に使役文」が派生し、場合によっては両方が許容され、それが使役文の意味の違いとも関わることが指摘されている。一方、アムド・チベット語でも格助詞の現れ方に関しては「ϕ格使役文」「a格使役文」という二種に分けられ、それを上記の日本語の二種の使役文と対照させるが、両者は基本的に異なるものであり、アムド・チベット語では使役文が派生する段階で主語の助詞が変わらない場合もあること、また日本語のように二つの格の両者が許容される場合はないことなどが記述される。このような点を中心に、両言語の動詞の種類・形態と助詞の交替を整理した。

第3章は、本研究の中心的な章である。使役文を、非使役文が表す出来事に対する使役者の関わり方によって、関与型・非関与型に分け、さらに関与型を直接関与型・間接関与型に分類し、使役表現を大きく三分類するという提案を行っている。直接関与型とは「先生は学生に絵を描かせた」のように、使役者（先生）が被使役者（学生）に働きかけるタイプ、間接関与型とは「看守は見ぬふりをして囚人を逃げさせた」のように、出来事の源が被使役者にあって、使役者は出来事の発生前には関与せず、発生中の段階から何らかの関与を行うというタイプ、そして非関与型とは「父は息子を戦場で死なせた」のように、使役者が出来事に全く関わらないにもかかわらず使役表現が表れる場合である。この三タイプは、動詞の意志性と関わること、意志動詞の場合、日本語では基本的に関与型にしか解釈されないが、アムド・チベット語では三つのタイプが可能であること、無意志動詞の場合、日本語は基本的には直接関与型に解釈されるが、アムド・チベット語では、間接関与型や非関与型の解釈も可能であること、日本語の「死ぬ」は唯一、三タイプに解釈できる特殊な動詞であることなどが指摘された。

第4章では、使役表現の意味に関する先行研究をまとめた上で、本論文で言う使役表現の基本的な意味と語用論的な意味に対して概念規定を行った。また日本語の意味については、慎重を期して、母語話者である日本人112名にアンケートを行って分析しており、興味深いデータも提示されている。

第5・6・7章では、それぞれ直接関与型・間接関与型・非関与型の使役表

現における両言語の共通点と相違点を探っている。

　第5章においては、直接関与型使役表現の意味を分析した。「先生は学生に絵を描かせた」のように、述語が意志動詞の場合は「動作の引き起こし」という基本的な意味を持ち、「先生は学生を驚かせた」のような無意志動詞の場合は、「変化の引き起こし」という基本的な意味を表すこと、さらに話し手のとらえ方によって、さまざまな語用論的意味が生じることが指摘されている。意志動詞の場合は六種類（誘発・強制・好意・意地悪・思いやり・不本意）の語用論的な意味が認められる点では両言語は共通するが、日本語では「強制」、アムド・チベット語では「誘発」という語用論的意味にとらえられる場合が多いこと、日本語では語用論的に許されない「学生が先生に推薦状を書かせた」のような表現がアムド・チベット語では可能であることなどが丁寧に記述されている。また、述語が無意志動詞の場合は、「反応の引き起こし（例：驚かせる）・事態の引き起こし（例：苦労させる）・変化の引き起こし（例：沸騰させる）・奇跡の引き起こし（例：彼は窓ガラスを壊れさせた）」という四つの語用論的な意味が動詞の性質によって出現し、さらにそれぞれが文脈により、利益的になったり迷惑的になったりすること、そして「意地悪・思いやり・不本意」といったより細かい語用論的意味を表すことを、具体的な動詞の分類と共に詳細に記述した。

　第6章では、間接関与型使役表現の意味を分析している。やはり動詞の意志性によってその基本的な意味が異なり、意志動詞の場合は、「許可・放任」という基本的意味を表す（例：休ませる）。一方、無意志動詞の場合は、基本的には補助動詞「（～て）おく」を伴って「放置」という基本的意味を表す（例：喜ばせておく）。そして、アムド・チベット語にのみ「譲歩」という語用論的意味を表す場合があることも指摘されている（例：彼は今年の賞金を彼女に得させた）。

　第7章では、非関与型使役表現の意味を分析した。述語が無意志動詞の場合は、「責任」という基本的意味を表し、「非難」という語用論的意味が出現するが（例：彼女は子どもに怪我をさせてしまった）、日本語ではさらに補助動詞「（～て）しまう」を、またアムド・チベット語ではコピュラ文による構文（例：子どもに怪我をさせたのは彼女だ）をそれぞれ用いることによって、その意味が明示されることが示された。また述語が意志動詞の場合は、日本語では直接関与型に解

釈されるのが普通であり、補助動詞「(〜て)しまう」を伴わなければ、非関与型の解釈は困難である（例：母は不注意で弟にゴミを食べさせてしまった）。それに対してアムド・チベット語では、比較的自由に非関与型の解釈も可能であり、さらには、無意志動詞の場合と同様に、コピュラ文によって最も典型的に「非難」の意味が表されることも示された。

最後の**終章**では、これまでの論点を整理し、三タイプの使役表現それぞれに関して、両言語の共通点と相違点とを、あらためてまとめた。日本語の使役表現に比べて、チベット語の使役表現は幅広い意味を持ち、使用される範囲も広いことが示されたが、これは、言語学的にも、また言語教育においても、有益な分析であると言えるであろう。

以上、本論文の内容を概観したが、この論文の独創性と研究の意義は、以下の三点にまとめられる。

第一に、まだ記述的蓄積の少ないアムド・チベット語について、またその使役表現について、詳細に記述・分析した点である。このような研究が、アムド・チベット語の母語話者の手によってなされたことは当該言語の研究において重要な事であり、また日本語で記述されたと言うことは、日本の言語学研究にとっても、また日本語学にとっても、直接・間接に意義深いものと言えるだろう。

第二に、使役表現を直接関与型・間接関与型・非関与型の三タイプに分類するという分析であり、これは日本語の使役表現の分析にも影響力を持つと思われる。

第三に、日本語とアムド・チベット語それぞれにおいて、使役表現の意味を、基本的な意味と語用論的な意味に分けて論じたことであり、とくに語用論的な意味について、動詞の意志性や使役者と被使役者の社会的関係、および両言語における社会・文化的な側面にまで配慮して分析したことである。

本研究は、アムド・チベット語を記述するという目的と共に、アムド・チベット語との対照を通して、日本語の分析に対しても多くの示唆と新たな観点を提供している。とはいえ、未だ仮説の域を出ず、更なる検証が必要な箇所も残

る。また本書で扱われた、有情物主語以外の場合、すなわち、「原因」などの意味を表す無情物主語の使役表現や、肯定・平叙文以外の場合、すなわち、「阻止」を表すとされる否定文や、平叙文以外のムードにおける使役表現の意味についての分析は手つかずのままである。しかし、著者の視野はすでにその領域にも及んでおり、今後の研究が大いに待たれる。また使役表現だけでなく、それ以外のアムド・チベット語の文法カテゴリーについても、母語話者ならではの行き届いた精密な記述・分析が大いに期待される。

　タシツリン氏は現在、青海民族大学における日本語教育にも大きな力を発揮されている。氏の研究の進展と、青海省での日本語教育がますます進展することを、心より願っている。

2011年8月

序 章

1．本研究の研究対象

　本研究では日本語における使役表現と、筆者の母語でもある主に青海・同仁地域で話されているアムド・チベット語*¹における使役表現との対照を研究対象とする。

　使役表現と言っても種々な捉え方がある。例えば、日本語で「〜てもらう」、「〜ように言う」のほか他動詞文まで使役の文法のカテゴリに入れることもあるが、ここで言う使役表現とは日本語の「-aseru／saseru」の形態が付く使役表現とアムド・チベット語の「keu jeug」とその異形態が付く使役表現のみを指す。本研究では、こうした使役の文法項目における日本語とアムド・チベット語の形態的・統語的・意味的な共通点と相違点を探りながら、総合的な対照研究を試みる。なお、両言語の「-aseru／saseru」と「keu jeug」の形態が付く使役表現には、有情物が主語となる場合と無情物が主語となる場合があるが、本研究では有情物が主語となる場合の平叙文のみを取り扱い、否定文の記述は今後の課題とする。

2．アムド・チベット語の音素と音韻表記

　本研究でのアムド・チベット語の記述には以下の音韻表記法を用いる。

2.1　子音音素

　63の子音音素を認めることができる。

　＊1　チベット語の方言の一つ、詳しくは3.2で述べる。

〈1〉子音音素

	両唇／唇歯	歯茎	そり舌	歯茎硬口蓋	硬口蓋	軟口蓋	口蓋垂	声門
閉鎖								
無声無気	p [p]	t [t]	tr [ʈ]		ky [c]	k [k]		
無声有気	ph [pʰ]	th [tʰ]	trh [ʈʰ]		kyh [cʰ]	kh [kʰ]		
有声	'b [ˆb]	'd [ˆd]	'dr [ˆɖ]		'gy [ˆɟ]	'g [ˆg]		
前置鼻音	b [ᵐb]	d [ⁿd]	dr [ⁿɖ]		gy [ᶮɟ]	g [ᵑg]		
前置気音	'p [ʰp]	't [ʰt]	'tr [ʰʈ]		'ky [ʰc]	'k [ʰk]		
破擦								
無声無気		ts [ts]		c [tɕ]				
無声有気		tsh [tsʰ]		ch [tɕʰ]				
有声		'dz [ˆdz]		'j [ˆdʑ]				
前置鼻音		dz [ⁿdz]		j [ⁿdʑ]				
前置気音		'ts [ʰts]		'c [ʰtɕ]				
摩擦								
無声無気	f [f]	hl [ɬ]	hr [ʂ]	sh [ɕ]	x [çχ]		hw [χʷ]	h [h]
無声有気		s [sʰ]						
有声		z [ˆz]		zh [ˆʑ]		'x [ɣ]	'h [ˆʁ]	
							v [ˆʁʷ]	
前置気音		's [ʰs]						
鼻音								
有声	m [m]	n [n]		ny [ɲ]		ng [ŋ]		
前置気音	'm [ˆm]	'n [ˆn]		'ny [ˆɲ]		'ng [ˆŋ]		
流音								
有声		l [l]						
		r [ˆɹ]						
前置気音		'l [ˆl]						
半母音								
有声	w [w]					y [j]		
前置気音						'y [ˆj]		

2.2 母音

7つの母音音素を認めることができる。

〈2〉母音音素

	前舌	中舌	後舌
狭	/i/ [i]		/u/ [ɯ]
半狭		/eu/ [ə]	/o/ [o]
半開	/e/ [ɛ]		/ao/ [ɔ]
開	/a/ [a]		

2.3 末子音

9つの末子音音素を認めることができる。

〈3〉末子音

-k [ʁ]	-g [ɣ]	-ng [ŋ]	-t [t]	-n [n]	-p [p]	-m [m]	-r [r]	-l [l]

末子音の/-k/［ʁ］と/-g/［ɣ］は、音韻的には1つの音素であると解釈できる。母音/eu/［ə］に後続する場合は/-g/［ɣ］で現れ、/o/［o］、/e/［ɛ］、/a/［a］に後続する場合は/-k/［ʁ］で現れる（その他の母音には後続しない）。ただし、この2つの音は音声的にかなり違っているため、末子音の表記においては例外的に音声的な表記を行う。

末子音の/-t/［t］と/-l/［l］は、多くの場合、自由に交替する。しかし、後続する音によっては/-t/［t］と/-l/［l］が使い分けられることもあるため、これらの2つの音を区別して表記する。

3．チベット語の基礎知識

今からおよそ2100年前、チベットの初代王とされるニャテイ・ツェンポが中央チベットのヤルルン川流域を中心に「ヤルルン王国」を拓いたと伝えられ、それから数代を経たナムリ・ソンツェン王の時代に強大な勢力を得ることにな

る。7世紀、ソンツェン・ガンポ王が強大な軍事力を背景に「吐蕃王朝」を建国し、ほぼチベット全土を統一した。8世紀、ティソン・デツェン王の時代に、吐蕃王朝が最盛期を迎えるが、この王がインドから仏教を積極的に導入することによって、土着の宗教であるボン教との間で主導権争いが激化し、王朝内部の混乱を招くことになる。9世紀中葉、リン・タルマ王が暗殺されたことによってチベットは四分五裂となる。それから中央集権的な政権に戻ることなく、次第に仏教思想によって統治を図る「ラマ王国」の時代を迎える。

3.1 チベット語の歴史

「ヤルルン王国」時代にどのような言葉が使われていたかについて明確な文献が残されていない。また、「吐蕃王朝」が誕生したときもチベット全土で共通する言葉の有無も不明であるが、少なくとも王朝が成立することによって共通語の必要性が生じたに違いない。7世紀、ソンツェン・ガンポ王の命令を受けたトンミサムボタがインドに留学し、当時のインド言語学理論に基づきインド北部で通用していた文字を参考にして、チベット文字を作ったことはその現われである。

チベット文字は30の子音を表す「サルシェ（gsal byed）」と4つの母音を表す「ヤン（dbyangs）」で構成され、それらを組み合わせて音と意を表す表音文字である。それは当時のチベット全域の言葉の現状を反映しているとは言い難いが、少なくとも当時チベットの中心であったヤルツェンポ川周辺の言葉（ヤルルン語）が反映されていると考えられる。この言葉に基づくチベット語正書法は3回の「キチェ[*2]（bkas bcad）」が行われたと言われる。

つまり、トンミサムボタが作ったチベット文字の正書法を、王の命令によって全国に普及させたことは第1回目の「キチェ」と呼ばれる。この最初の正書法はソンツェン・ガンポ王の時代からティディ・ソンツェン王が即位する9世紀初頭までの約150年間使われてきたとされる。

ティディ・ソンツェン王の強力な政策により、インド仏教の導入を国家プロジェクトとして位置付け、国家翻訳機関を設立し、そこに勤めるカワハツァ

[*2] 「王の命令によって正書法が法定された」という意味である。

ク、チョロルギャムツェン、シンエシデなど名翻訳者たちを中心に、第1回目の「キチェ」による正書法をより口語の発音に近い綴り字に訂正し、bstsu（迎える）とmyed（無い）のような単語の綴りをbsuとmedのように単純化し、再後置字の［-d］などを廃したのもそのときのことで、史書では第2回目の「キチェ」と呼ばれる。この事業はチベット語文語の基礎となった。

　9世紀中葉、仏教とボン教の主導権争いや長年にわたる領土拡張戦争のための経済力が低下して吐蕃王朝が滅んだが、10世紀末からの仏教の復活によって再び仏典の翻訳が始まった。それから15世紀中葉までの約470年間、アリロザワリンチェンサンポなどを始め、167人の翻訳者たちが正書法の統一化を行ってきた。これを、史書では第3回目の「キチェ」と呼ばれる。

　しかし、この長年にわたる第3回目の「キチェ」は統一性の高い国の支援がなかったため普及せず、リンチェンタシ（1441～1527）は「実践上ではほぼ第2回目の「キチェ」通りにされていることが多い」（『蔵文正字学集』p399）と指摘している。

　そして、第1回の「キチェ」は文字作成時における最初の正書法の決定であり、第3回目の「キチェ」は失敗に終わったため、古代のチベット語正書法は事実上一回の改訂しか行われなかった。

　しかし、15世紀になって、チベット語にとって、文字の開発以来もっとも大きな出来事が起こった。それは木版印刷技術の導入により、大蔵経を始めとして、それまで各著者が自分の口語によって書いた手写本を木版印刷で量産が可能になり、正書法の標準化が飛躍的に進み、『三十頌』と『入性論』に基づいた標準文語が成立した。ゲンダウンチンペは「それから書体と綴りもほとんど統一され、今（1940年代）まで伝わって来た」と指摘している。

　1949年、中華人民共和国成立によって、チベット語にも大きな変化がもたらされた。とりわけ、1960年代に文化大革命が起こりチベット語の標準文語もウツェン方言（後述する）を基にして、助詞、動詞、文末述語、名詞などにおいて「革命」が行われた。

〈1〉**助詞**

　場所、方向、時間などを表す格助詞であるsu、ru、ra、la、tu、duのna の

七つ助詞を la と ra で書くことにし、所有格「の」に当る gi、kyi、gyi、'i、yi の五つの形態や、能格を表す gis、kyis、gyis、'is、yis の五つの形態をそれぞれ gi、-'i と gis、-s で書くことにした。例えば、gsar brje byed mkhan gi stobs xugs（革命家の力）（『毛沢東語録』第一巻1967p152）もその一つの例である。

〈2〉動詞

動詞の過去形、現在形、未来形がほとんどそれぞれ違う綴りで書かれていたのを、多くを過去形と現在形に収め、しかも一番単純な綴りが用いられることが多かった。例えば、「変える」と言う動詞の未来形の綴りは bsgyur なのに sgyur のように書かれている（『毛沢東語録』第一巻、1967p240）。

〈3〉文末述語

それまでのチベット語の文語では、禁止とされてきた文末の述語動詞を頻繁に使うようになった。例えば、dag bcos byed dgos（見直す必要がある）のような表現は以前の文語では、dgos という動詞で文を終わらせる場合が多かったが、dag bcos byed dgos gi red（『毛沢東語録』第一巻、1967p20）のように、dgos という動詞の後ろにさらに gi red のような述語動詞を付けるようになった。

〈4〉名詞

大量の翻訳作業によって、'byor med gral rim（プロレタリア）、ma rtsa ring lugs（資本主義）のような口語に基づいた新造語が次々と作り出された。そして、これらの規定に基づく『毛沢東語録』や『マルクス・エンゲルス全集』などの翻訳版を始め、『紅旗』（雑誌）や『西蔵日報』などの出版物も続々と出版された。

なお、文化大革命終息後、書き言葉としての助詞の規定は完全に元に戻り、動詞のつづり字も元通りになった。一方、従来の標準文語では好まれなかった文末の述語動詞はこの「革命」をきっかけに、ウツェン方言に限らず他の方言も多様に使われるようになった。また、新しく作り出された新造語のほとんどがチベット社会に定着し、現在も用いられている。

3.2　チベット語の方言

ヤルルン語を土台にしたチベット語の書き言葉は、各時代の正書法改定を経て15世紀木版印刷技術の導入によって標準化が進むことになる。その書き言葉の標準化が進む一方、各方言と標準文語の距離は次第に隔たっていき、「一つの川を渡ると一つの風俗、一つの山を越えると一つの言葉」ということわざで表すような状態となった。筆者の故郷であるレプゴンでも、1キロも離れていないのに山の両側の集落の言葉が違う。このように多くの方言は学界における分類も1つではなく、一般的に知られているのはウツェン方言、カム方言、アムド方言の分類である。

その中で、ウツェン方言はチベット自治区を中心に使われ、もっとも単純化が進んでおり、いわば進化した方言であるのに対して、アムド方言は青海省や甘粛省のチベット人によって使われ、3方言中で最も古い形を保っているとされる。カム方言は四川省、雲南省、チベット自治区の一部で使われ、地理的にもウツェン方言区とアムド方言区の中間あたりに分布し、言葉自体も両方言の中間的な性質を持つとされる。

これらの方言の最も大きな違いは音声上に現れる。ウツェン方言とアムド方言を比較すると、ウツェン方言には声調があり、相対的に母音が多い一方、子音は少なく、子音連続の現象もない。それに対して、アムド方言には声調がなく、母音も少ない一方、子音は多くて子音連続の現象も多く存在する。そして、それぞれの方言の話者がチベット人同士でも、お互いの方言を使って意思の疎通をはかることは難しいほどである。

3.3　チベット語の言語的な特徴

そのような方言の違いは主に音声的なものによるもので、各方言の話者が書いた文書なら、綴り字さえ正しければお互いの意思疎通が可能となるため、言語としては「チベット語」という一つの言語であり、共通する特徴を持っている。ここでは次の書き言葉の例文（1）と（2）を挙げてその特徴を述べる。

(1) a ye yis ma ne che ba   bskor
    祖母 yis マニ車 大きいもの   回る
    祖母が大きいマニ車を回す。

(2) ma ne   che ba   'khor
    マニ車   大きいもの   回る
    大きいマニ車が回る。

　例文（1）の他動詞文でわかるように、チベット語は語順的に日本語と同じでSOV型言語に属するが、形容詞が目的語を修飾するとき後ろに付くことは日本語と異なる。また、例文（1）の主語の「a ye（祖母）」が「yis」という能格を取り、その文の目的語である「ma ne（マニ車）」と例文（2）の自動詞文の主語である「ma ne（マニ車）」が同じく「ϕ 格[*3]」を取ることから、チベット語は典型的な能格言語であることがわかる。この点は、自動詞の主語と他動詞の主語が同じく主格を取り、他動詞の目的語が対格を取る日本語とは対照的である。
　また、次の書き言葉の例文（3）でもわかるようにチベット語は日本語と同じように膠着語の性質を持っている。

(3)「kho 'gro」ru bcug pa yin na prig prig yod kyi ma red
    彼を行かせたのかもしれない

　つまり、この例文（3）のカギカッコ中の「kho 'gro」は「彼が行く」という普通の動詞命題文であるが、その後ろの下線部にはそれぞれ「使役＋過去＋判断＋仮定＋不定＋存在＋否定＋推量」などを表す形式を付けることによって、モダリティーを表し、文全体が「彼を行かせたのかもしれない」という意味になる。
　また、アムド・チベット語を例に言えば、次の例（4）でもわかるようにチ

　＊3　「ゼロ格」のことを表す。

ベット語は屈折語の性質も持っているといえる。

(4) a. nga gyo　→　私が行く。
　　 b. ngi 'sa　→　私が食べる。
　　 c. ngaa 'car　→　私を殴る。

　つまり、「nga」は普通は第一人称を表す「私」の意味であるが、それが自動詞文の主語として現れると「nga」になり、他動詞文の主語として現れると「ngi」になり、他動詞文の目的語として現れると「ngaa」になることからである。

第1章　両言語の使役表現の形態的な特徴

1．日本語の使役表現の形態

　この問題については、先行研究の成果をまとめた上で筆者の立場を示す。
　一般的に、使役表現とは、ある出来事に新たな関与者が関与して、その出来事を引き起こすという意味を表す文法的なカテゴリーである。こうした意味を表すには一定の言語形式を取る必要があり、当然ながらその形式は言語によって異なる。まず次の例文（1）と（2）をみる。

　　（1）先生が学生に絵をかかせる。
　　（2）お母さんが娘を買い物に行かせる。

　この例文（1）は「学生が絵をかく」という出来事に「先生」という新たな関与者が関与して、その出来事の動作主である「学生」に働きかけ、その働きかけを受けた「学生」が自らの意志で「絵をかく」という出来事を引き起こすことを表す。例文（2）もこれと同様に、「娘が買い物に行く」という出来事に「お母さん」という新たな関与者が関与して、その出来事の動作主である「娘」に働きかけ、「娘」が自らの意志で「買い物に行く」という出来事を引き起こすことを表す。
　いずれの場合も、一つの文が二つの出来事から成り立っていると考えられる。つまり、例文（1）で言えば、「先生が学生に絵をかかせる」という文は「先生が働きかける」という出来事と「学生が絵をかく」という出来事から成り立っていると考えられる。ここでは「先生が働きかける」のような新たな関与者の働きかけを「出来事1」と呼び、その新たな関与者の働きかけによって引き起こされる「学生が絵をかく」のような出来事を「出来事2」と呼ぶ。
　同じく例文（1）でいうと、「先生が働きかける」という「出来事1」と「学生が絵をかく」という「出来事2」はそれぞれ独立した文ではなく、結び

付いて「先生が学生に絵をかかせる」という一つの文になっているのは、主に文末にある「〜せる」という言語形式の機能だと思われる。ここではある出来事に新たな関与者が関与し、その新たな関与者の働きかけによってその「ある出来事」を引き起こす意味を表す場合の「出来事1」と「出来事2」を結び付けて一つの文にする機能を果たす「〜せる」のような言語形式を日本語の使役表現の形態、すなわち「使役態」と呼ぶ。

　日本語の使役表現の形態には「〜せる」のほか「〜させる」がある。この二つの語をより正確に記述すれば「-aseru」と「saseru」で、次の例文（3）のaからdでもわかるように五段動詞の語幹に付ける場合は前者で、一段動詞の語幹とサ変動詞、カ変動詞に付ける場合後者となる。

（3）a. 行く　　→　行かせる。
　　　b. 食べる　→　食べさせる。
　　　c. 勉強する → 勉強させる。
　　　d. 来る　　→　来させる。

　このような使役表現の形態を、山田孝雄（1908）は「複語尾」、時枝誠記（1950）は「接尾語」、橋本進吉（1969）は「助動詞」と呼んでいるが、本研究では、「-aseru／saseru」はその形式自体が意味を持たず、動詞に付けてこそ使役の意味を生み出す付属的な形式であることから「助動詞」と位置付け、橋本と同じ立場を取る。

　日本語は使役表現の形態として「せる、させる」のほかに次の例文（4）から（6）のように「しむ」、「す、さす」も使われている。

（4）敵の攻撃をかいくぐり、誰よりも疾く敵陣を陥落せしむ。
（5）先生が学生に絵をかかした。
（6）お母さんが娘を買い物に行かした。

「しむ」は現在あまり使われていない。橋本進吉（1969）は「しむ」は奈良時代以前に盛んに用いられていたが、平安時代から使われなくなり、院政時代や

室町時代に至っては書き言葉的となり、江戸時代から次第に用いられなくなったと指摘している。

「す、さす」は現代日本語でも「行かす」、「食べさす」のように使役態として使われている。この二つの語をより正確に記述すれば「-asu／-sasu」になり、「せる、させる」と同様に「-asu」は五段動詞の語幹に付き、「-sasu」は一段動詞の語幹とサ変動詞、カ変動詞に付く。

(7) a 行く　　→　行かす。
　　 b 食べる　→　食べさす。
　　 c 勉強する→　勉強さす。
　　 d 来る　　→　来さす。

松下大三郎（1930）は「す、さす」はもともと「関西方言」で後に一般的に広がったものであると指摘している。また、吉田金彦（1971）は「す、さす」と「せる、させる」は意味的に同じで使い方に小差があるとし次のように指摘している。

　　会話や新語の文には「す、さす」が使われことが多い。また登場人物やその動作に対してあまり好感を持っていないとき、卑罵感を持っているとき、遠慮なく表現するときなどに「す、さす」を使う。家族の間柄と親友間とか親しいもの同士、平生の会話に「す、さす」の方がよく使われるのだが、他の文においても、この「す、さす」が使われた時は率直的な直写文となるように感じられる。

これとほぼ同じ考え方を取る寺村秀夫（1982）は「-asu」で終わる動詞の「-asu」を切り離したとき残る形態が動詞の語幹として認められる場合に限って、「-asu／-sasu」は「-aseru／saseru」の使役短縮形だと指摘している。したがって「行かす」は「行かせる」の使役短縮形であるが、「流す」は他動詞である。また、「わく」のような動詞の場合、「お湯をわかす」と「観客をわかせる」のように両方が可能であるが、対象物がヒトかモノかによって使い分かれていると指摘している。つまり、モノの場合「-asu」が用いられ、ヒトの場合「-aseru」が用いられることになる。本研究でも「す、さす」と「せる、

させる」の違いについて寺村秀夫（1982）と同じ立場を取る。
　以上をまとめると、日本語の使役表現の形態には「せる、させる」と「す、さす」「しむ」があり、「しむ」は書き言葉として使われ、口語では江戸時代から次第に用いられなくなった。「す、さす」は「せる、させる」の短縮形で、前者の対象物はモノであることが多く、後者の対象物はヒトであることが多い。本研究では、これらの形態を助動詞として位置付ける。

2．アムド・チベット語の使役表現の形態的特徴
　上の例文（1）と（2）の「先生が学生に絵をかかせる」と「お母さんが娘を買い物に行かせる」を忠実にアムド・チベット語に訳すと次のようになる。

（1'）'ge 'gen geu lho maa reu mo dreu <u>'xeu jeug</u>
　　　先生　　geu 学生 a　絵　　かく　　'xeu jeug
　　　先生が学生に絵をかかせる。
（2'）a ma geu　sheu mao nyo ca 'gyak keu gyo <u>'xeu jeug</u>
　　　母　　geu 娘　ao 買い物　　しに　行く　　'xeu jeug
　　　お母さんが娘を買い物に行かせる。

　ここでわかるように両言語の語順はほぼ同じで、日本語の使役態の「-aseru、saseru」の位置にあるのは下線部の「'xeu jeug」である。この「'xeu jeug」をアムド・チベット語の使役態と位置付け、さらにその特徴を考察する。
　チベット語の使役表現の研究はほぼ語学教科書レベルにとどまり、いまだあまり進んでいないのが現状であり、「'xeu jeug」に対する研究も見当たらない。本研究ではアムド・チベット語の使役態である「'xeu jeug」を「'xeu」と「jeug」に分け、それぞれ「要素A」と「要素B」と呼び、便宜上「要素B」を先に考察する。

2.1 「要素B (jeug)」についての考察

　この「要素B」の「jeug」はアムド方言の音韻表記で、チベット語の書き言葉では「'jug」に当たる。辞書では「'jug」は「入れる」などの意味を表す動詞の未来形と現在形であり、その過去形と命令形はそれぞれ「bcug」と「chugs」で表すと解釈されている。なお、辞書によっては未来形は「gzhug」で、現在形と区別される場合もある。アムド・チベット語の場合も次の例文（8）のように「jeug」、「ceug」、「cheug」はそれぞれ「入れる」という動詞の「非過去形」、「過去形」、「命令形」として使われている。

　　　(8) a．hwe cha hwe kheug neung nga jeug　→本をカバンに入れる。
　　　　　b．hwe cha hwe kheug neung nga ceug　→本をカバンに入れた。
　　　　　c．hwe cha hwe kheug neung nga cheug　→本をカバンに入れろ。

　つまり、アムド・チベット語の「jeug、ceug、cheug」は書き言葉の「'jug、bcug、chugs」の意味通りに、時制が異なるものの、一つの動詞の異形態として解釈できる。
　なお、使役態の「要素B」としての「jeug」は、普通の動詞としての「jeug」とどれぐらい語源的な関係があるかをはっきりさせる確固たる証拠がないが、次の例文（8'）でもわかるように、普通の動詞としての「jeug（入れる）」と同じような時制を保ちながら、具体的な動作性に欠けた「働きかける」、「しむける」、「引き起こす」などの抽象的意味を表しており、使役態の「要素A」とともに文全体を使役表現にする機能を果たしているといえる。

　　　(8') a．hwe cha hwe kheug neung nga jeug keu jeug
　　　　　　　→本をカバンに入れさせる。
　　　　　b．hwe cha hwe kheug neung nga jeug keu zheug
　　　　　　　→本をカバンに入れさせた。
　　　　　c．hwe cha hwe kheug neung nga jeug keu xeug
　　　　　　　→本をカバンに入れさせろ。

ここでは、普通の動詞としての「jeug（入れる）」と同じような時制を保ちながら、文の使役性を生み出す機能を果たす「要素B」のことを「使役動詞」と呼ぶ。なお、上の例文（8）と（8'）でもわかるように、普通の動詞としての「jeug」の「過去形」と「命令形」は、使役動詞としての「jeug」の「過去形」と「命令形」と音声的に微妙に異なる。その関係をまとめると次の〈表-1〉になる。

〈表-1〉使役動詞と普通の動詞としての「jeug」の関係

	普通の動詞の場合	使役動詞の場合
非過去形	jeug	jeug
過去形	ceug	zheug
命令形	cheug	xeug

　アムド・チベット語にはこのほかに「'jok、zhak、shok」という普通の動詞とてしては「置く」の意味を表す使役動詞がある。

（8"）a. hwe cha hwe kheug neung nga jeug keu <u>jok</u>
　　　　→本をカバンに入れさせる。
　　 b. hwe cha hwe kheug neung nga jeug keu <u>zhak</u>
　　　　→本をカバンに入れさせた。
　　 c. hwe cha hwe kheug neung nga jeug keu <u>shok</u>
　　　　→本をカバンに入れさせろ。

　この例文（8"）でわかるように「jok、zhak、shok」はそれぞれ順番に使役動詞の「非過去形」、「過去形」、「命令形」を表す。筆者の調査では「'jok、zhak、shok」は形式的に「jeug、zheug、xeug」と異なるものの、機能的には同じ働きをしている。なお、本研究では「jeug、zheug、xeug」のみを取り扱い、「'jok、zhak、shok」の形式が伴う使役表現の論述は別の機会にする。

2.2 「要素A（'xeu）」に対する考察
2.2.1 「要素A（'xeu）」の音韻的な特徴

結論から先に述べると「要素A」は「使役助詞」として位置付ける。こうした使役助詞は、その直前の音によって次のような音の変化が生じる。

〈1〉 直前が開音節の場合「'xeu」になる。
 a. 'ga（喜ぶ）　　→　'ga 'xeu jeug（喜ばせる）
 b. khi（当たる）　→　khi 'xeu jeug（当たらせる）
 c. gu（動く）　　→　gu 'xeu jeug（動かせる）
 d. theu（拾う）　→　theu 'xeu jeug（拾わせる）
 e. re（期待する）→　re 'xeu jeug（期待させる）
 f. ko（聞こえる）→　ko 'xeu jeug（聞こえさせる）

〈2〉 直前が閉音節で、末子音が「k、g、t、p、l」の場合「keu」になる。
 a. 'gyak（打つ）　→　'gyak keu jeug（打たせる）
 b. 'deug（悲しむ）→　'deug keu jeug（悲しませる）
 c. bot（呼ぶ）　　→　bot keu jeug（呼ばせる）
 d. 'teup（切る）　→　'teup keu jeug（切らせる）
 e. kal（爆発する）→　kal keu jeug（爆発させる）

〈3〉 直前が閉音節で末子音が「r」の場合「'geu」になる。
 a. thor（散る）　→　thor 'geu jeug（散らせる）

〈4〉 直前が鼻音の場合「geu」になる。
 a. kon（着る）　　→　kon geu jeug（着させる）
 b. yong（来る）　→　yong geu jeug（来させる）
 c. 'lom（信じる）→　'lom geu jeug（信じさせる）

以上の使役助詞とその直前の音との関係をまとめると次の〈表-2〉になる。

〈表-2〉アムド・チベット語における「要素A」とその直前の音との関係

直前の末尾音	開音節	閉音節		鼻音
	a i u e u e o	-k -g -t -p -l	-r	-ng -n -m
使役助詞	'xeu	keu	'geu	geu

2.2.2 「要素A('xeu)」の文法的機能

　アムド・チベット語の「要素A」についての先行研究はいまだに見当たらない。しかし、チベット語の書き言葉を研究対象とする伝統文法では、「'gro ru 'jug（行かせる）」のような明らかに使役表現である文が、「de nyid」を表す格助詞の「ru」などの機能を述べるときの例文として登場することがある。ここでは書き言葉における使役態の「要素A」の形式とその直前の音の関係と「要素B」の時制を〈表-3〉と〈表-4〉にまとめておく。

〈表-3〉書き言葉における「要素A」の形式とその直前の音との関係

直前の末尾音	開音節	閉音節		
	a u e o	-s	-g -b [-rd]	-ng -d -n -m -r -l
使役助詞	-r ru＊1	su	tu	du

〈表-4〉書き言葉における「要素B」の形式

	非過去	過去	命令
要素B	'jug	bcug	chugs

　上の〈表-3〉にある書き言葉の使役態の「要素A」に当たる「ru」とその

＊1　書き言葉における使役助詞の「-r」と「ru」は機能として同じである。なお、「ru」は独立した音節を表わす形であり、「-r」は直接直前の開音節に付いた付属的な形である。

異形態は、伝統文法でいう「de nyid」を表すのだろうか。それを理解するためにまず「de nyid」とはいったい何かを理解する必要がある。「de nyid」という言葉を日本語に訳すと「性質」という意味になるが、ここで下の書き言葉の例文（9）で説明する。

(9) a.　dus tshig ni ston kha ru 'gyur
　　　　季節　　ni　秋　　ru　なる
　　　　季節は秋になった。
　　b.　ngo mdog　dmar po ru 'gyur
　　　　顔色　　　赤いもの　ru　なる
　　　　顔色が赤くなった。
　　c.　xing me　ru　'bar
　　　　木　火　ru　燃える
　　　直訳：木が火に燃える。
　　　　　　木が燃える。

　伝統文法では「ru」とその異形態は、あるモノの性質が別の性質に変化することを表す機能があり、そうした機能を「de nyid」、つまり「性質」と呼んでいる。この例文（9）のa、b、cのいずれも典型的な「de nyid」を表す例文として挙げられることが多い。すなわち、それぞれ順に「季節の性質は秋の性質に変化する」、「顔色の性質は赤い性質に変化する」、「木の性質は火の性質に変化する」というように「de nyid（性質）」に解釈できないこともないが、ここではその機能をよりわかりやすくするために主語の性質が目的語の性質に変化することを表す「ru」という格を「結果格」と呼ぶ。

　本研究では「ru」とその異形態である助詞は「結果」を表す機能があること自体については異議を唱えるつもりない。しかし、使役態としての「要素A」は「結果格」とみてよいかを疑問視しながらさらに考察を続ける。

　チベット語の書き言葉の「ru」とその異形態の助詞には、上で述べた「結果」を表すほかに、次の例文（10）のように方向、時間、場所、対象、目的を表す機能がある。

(10) a. 変化：me ru (la) 'bar　　→　（火として）燃える。
　　 b. 方向：yar ra (la) 'gro　　→　上に行く。
　　 c. 時間：rjes mar (la) thug　→　次に会う。
　　 d. 場所：gam du (la) yod　　→　そばにいる。
　　 e. 対象：mgo ru (la) rgyag　→　頭を打つ。
　　 f. 目的：len du (＊la) 'gro　→　取りに行く。

　これらの意味を表すにはほとんどの場合、カッコ中の「la」という特殊な助詞に置き換えられるが、「目的」を表す場合「la」に置き換えられない。それと同じように書き言葉における使役態の「要素A」も次のように「la」に置き換えることができない。

(11) a. 'gro ru (＊la)' jug　→　行かせる。
　　 b. nyal du (＊la)' jug　→　寝かせる。

　また、例文（10）fと（11）a, bは、直前の言葉が名詞ではなく動詞である点も共通している。こうした考察から、書き言葉における使役態の「要素A」としての助詞「ru」およびその異形態はいわゆる「結果」を表すものではなく、「目的」を表す場合の助詞と機能的に何らかの関係があることがわかる。
　それではアムド・チベット語はどうなるだろうか。まず、上の例文（10）をアムド・チベット語に換えてみる。

(10') a. 変化：nyi a bar　　→　（火として）燃える。
　　　b. 方向：yar ra gyo　　→　上に行く。
　　　c. 時間：'ji ni thug　　→　次に会う。
　　　d. 場所：'tseup na yo　→　そばにいる。
　　　e. 対象：go a 'gyak　　→　頭を打つ。
　　　f. 目的：len geu gyo　→　取りに行く。

これでわかるように、アムド・チベット語の使役態の「要素A」である「geu」とその異形態と同じ形式の助詞が使われているのは（10'）fの「目的」の場合のみであり、変化、方向、時間、場所、対象の場合「geu」とその異形態と系統の違う「a、ni」などが使われている。したがって、アムド・チベット語の使役態の「要素A」としての「geu」とその異形態も、伝統文法でいういわゆる「結果」を表す助詞ではなく、逆に書き言葉の場合と同様に「目的」を表す助詞と機能的に何らかの関係がある可能性がある。
　それでは使役態の「要素A」としての「geu」とその異形態は「目的」を表す助詞なのだろうか。一般的に「目的」を表す助詞とは次の例文（12）の「geu」のように、主語が「gyo（行く）」という動作を行った目的は、「hwe cha len（本を取る）」という出来事を完成させるためであることを表す。

　　(12) hwe cha len geu (chel la) gyo
　　　　 本　　取る　geu（ために）行く
　　　　 本を取りに行く。

　そして使役態の「要素A」の機能についても次の例文（13）と同様な解釈ができる。つまり、「hwe cha len geu gyo（本を取りに行く）」という動作を実現するために、働きかけを行ったと解釈できる。それゆえ、使役表現の「要素A」は意味的に「目的」を表す格助詞の一種だと考えることができる。

　　(13) hwe cha len geu gyo 'xeu jeug
　　　　 本　　取る　geu 行く 'xeu jeug
　　　　 本を取りに行かせる。

　しかし、本来の「目的」を表す格助詞の場合、上の例文（12）のように「geu」の代わりに、カッコ中の「chel la（ために）」という目的の意味をはっきりさせる言葉を使っても、文の自然さは変わらない。一方、使役態の「要素A」としての「geu」の代わりに「chel la（ために）」を使うと、「jeug」の使役動詞に具体的な動作性がないため、次の例文（12'）のように非文となる。

(12') *hwe cha len geu gyo chel la jeug
　　　本　　取る　geu 行く　ために jeug

　ここでは、こうした伝統文法でいう「目的」を表す格助詞と意味的に類似点があるものの、目的をはっきりさせる「chel la（ために）」では代用できない使役態の「要素A」を「使役助詞」として位置付ける。

2.3　使役態とその否定形

　アムド・チベット語の使役形態は上で述べた「要素A」と「要素B」から成り立っている。ここでは例文（8'）を再掲しながら使役態の直前の動詞も視野に入れ、さらにアムド・チベット語の使役態の特徴を考察する。

（8'）a　hwe cha hwe kheug neung nga jeug <u>keu jeug</u>
　　　　→本をカバンに入れさせる。
　　　b　hwe cha hwe kheug neung nga jeug <u>keu zheug</u>
　　　　→本をカバンに入れさせた。
　　　c　hwe cha hwe kheug neung nga jeug <u>keu xeug</u>
　　　　→本をカバンに入れさせろ。

　ここでわかるように、例文（8'）のa、b、cいずれも、使役態の前は「jeug（入れる）」という動詞の非過去形で、その動詞を次のように過去形の「ceug」と命令形の「cheug」に換えると、次のように非文になる。

　　*　hwe cha hwe kheug neung nga ceug <u>keu zheug</u>
　　*　hwe cha hwe kheug neung nga cheug <u>keu zheug</u>

　そのため、アムド・チベット語の使役表現の形態をより正確に記述すれば「V（非過去形）＋使役形態」となり、その非過去形、過去形、命令形は次のようになる。

非過去：「V（非過去形）＋要素A＋jeug」
　過　去：「V（非過去形）＋要素A＋zheug」
　命　令：「V（非過去形）＋要素A＋xeug」

　それでは、使役表現の否定形はどうなるだろうか。まず次の例文（13）からみる。

　(13) a　a ma 'xeu sheu mo a rok yet keu meu jeug
　　　　　→母が娘に手伝わせない。
　　　 b　a ma 'xeu sheu mo a rok yet keu ma zheug
　　　　　→母が娘に手伝わせなかった。
　　　 c　sheu mo a rok yet keu ma jeug
　　　　　→娘に手伝わせるな。

　この例文（13）でわかるようにアムド・チベット語の使役表現の否定形は使役助詞と使役動詞の間に否定の要素が入り、しかもその否定の要素は時制などによって形式が変化する特徴があり、まとめれば次のようになる。

　非過去否定：「V（非過去形）＋要素A＋meu＋jeug」
　過去否定　：「V（非過去形）＋要素A＋ma＋zheug」
　命令否定　：「V（非過去形）＋要素A＋ma＋xeug」

　本節ではアムド・チベット語の使役表現の形態を「要素A」と「要素B」に分けて考察を行った。「jeug」の「要素A」は機能的に伝統文法でいう「結果」を表す格助詞ではなく、「目的」を表す格助詞と類似点があるものの目的をはっきりさせる「chel la（ために）」に代用できないため本研究では「使役助詞」として位置付けた。また、この「使役動詞」とその直前の音の関係もまとめた。「要素B」は普通の動詞としての「jeug（入れる）」と同じように時制を保ちながら、具体的な動作性に欠けた「働きかける」、「しむける」、「引き起こす」のような抽象的な意味を表すため、本研究では「使役動詞」として位置付

けた。アムド・チベット語にはこのほか「jok、zhak、shok」という、普通の動詞としては「置く」の意味から由来すると思われるもう一つの使役動詞体系があるが、これについて別の機会で論述することにした。

3. 本章のまとめ

　日本語の使役表現の形態には「せる、させる」と「す、さす」「しむ」があり、「しむ」は書き言葉として使われ、話し言葉では江戸時代から次第に用いられなくなった。「す、さす」は「せる、させる」の短縮形で、前者の対象物はモノである場合が多く、後者の対象物はヒトであることが多い。本研究では、これらの形態を橋本進吉（1969）と同じ立場を取り「助動詞」として位置付けた。

　アムド・チベット語の使役表現の形態は「要素A」と「要素B」に分けて考察を行い、「jeug」の「要素A」は「使役助詞」として位置付け、「geu」およびその異形態の「要素B」は「使役動詞」として位置付けた。

　両言語の使役形態の時制、肯定、否定の形式をまとめると次の〈表-5〉になる。

〈表-5〉両言語の使役形態の時制、肯定、否定の関係

	アムド・チベット語		日本語	
	肯定形	否定形	肯定形	否定形
非過去形	keu jeug	keu meu jeug	させる	させない
過去形	keu zheug	keu ma zheug	させた	させなかった
命令形	keu xeug	keu ma jeug	させろ	させるな

（アムド・チベット語の場合要素Aの前は動詞の非過去形であり、要素Aを「keu」で代表させた）

　以上で日本語とアムド・チベット語の使役表現の形態を述べた。この問題を広く捉えれば、「せる、させる」や「keu jeug」のなどの形式だけの問題ではなく、文全体の構造まで含まれていると思われるが、これについては次章で統語論的な問題として取り上げる。

第 2 章　両言語の使役表現の統語的な特徴

　使役表現の統語的特徴を論じるには、まず、使役表現の構成の特徴からみなければならない。言葉で現実世界の出来事を描くとき、常に一対一ではなく、二つの出来事を同時に描く場合もある。使役表現はその一つでありどの言語においても二つの出来事から構成されているという点には変わりがない。

　（1）先生が学生に絵をかかせた。

　この例文（1）で言えば、「先生が何らかの形で働きかける」という出来事と、その働きかけを受けて「学生が絵をかく」という出来事が、例文（1）の構成要素となっている。いずれかにしか言及されない場合は、使役表現とは言えないのである。この二つの出来事の関係については柴谷方良（1978）が次のように述べている。

　　ア、事象2がもう一つの事象、つまり事象1が起こった時よりも後に起こっている
　　イ、事象1と事象2の関係は、事象2の生起が事象1に完全に依存していて…

　しかし、このような前後に発生した二つの出来事を描く手段は使役表現のほかにも多数あり、次の例文（2）もそうである。

　　（2）a．先生が命じた。学生が絵をかいた。
　　　　　b．先生が命じて、学生が絵をかいた。
　　　　　c．先生が命じたので、学生が絵をかいた。
　　　　　d．先生の命令で、学生が絵をかいた。

これらの場合も、「先生が命じる」という出来事が先に起こり、「学生が絵をかいた」という出来事はあとで起こっているという点では使役表現と変わらない。また、「先生」が「働きかけの与え手」であり、「学生」が「働きかけの受け手」であるという点も使役表現と同じである。しかし、使役表現は、この「働きかけの与え手」の働きかけの具体的な手段に言及しなくても、文が成り立つのに対して他の表現では成り立たない。「働きかけの与え手」の働きかけの具体的な手段について語らなくてもよい使役表現は、その働きかけの手段よりも働きかけた結果、相手がどのような動作や変化を起こしたかに関心を寄せている。働きかけの具体的な手段について伝える必要があるとき、それを指し示す言葉を次の例文（3）のように付ければよい。

（3）先生が命じて、学生に絵をかかせた。

　一方、使役表現以外では、「働きかけの受け手」が動作や変化を起こしたのはなぜかという「原因」に関心を寄せており、前件と後件が因果関係になることが多い。
　こうした「働きかけの与え手」の具体的な働きかけの手段に言及しなくてもよい使役表現は、二つの出来事から構成されているという点はどの言語も共通しており、アムド・チベット語も例外ではない。しかし、その二つの出来事の結ばれ方は、当然ながら言語によって異なる。ここではその「結ばれ方」を「統語論的特徴」と呼び、日本語とアムド・チベット語の場合においてそれぞれ論じる。

1. 日本語の使役表現の統語的特徴
1.1　日本語の使役表現
　上の例文（1）の「先生が学生に絵をかかせた」で言えば、その新たな関与者が「先生」であり、それを取り除くと残るのは「学生が絵をかいた」という「ある出来事」になる。ここで、「先生」という新たな関与者が関与していない状態と、関与している状態を表現すれば次のようになる。

A　学生が絵をかく。
　B　先生が学生に絵をかかせる。

　松下大三郎（1930）は、Aのような表現を「原動文」と呼び、Bのような表現を「使動文」と呼んでいる。寺村秀夫（1982）は、このAとBの関係を、次の例文Cのような受身表現と合わせて述べている。

　C　先生が学生に絵をかかれた。

　ここでは寺村秀夫（1982）のA、B、Cの関係に対する見解を引用する。
　「Xが（Yヲ・ニ）〜スル」という事象についての当事者ではない、つまり第三者であるもの（W）が、新たに舞台の出来事と関わりをもつ者として登場し、それが主役としてはじめの事象がいわば描き直すとき、山田のいう「間接作用」の表現が生まれる。Wが事象の出来事については全く感知せず、或いは責任がなく、いわば天からふってわいたようにその出来事が起こって、その効果が彼にふりかかる、という表現が間接の受身の表現であるのに対し、Wがその事象の出来に何らかの責任がある、という表現が使役表現である。
　つまり、BとCの基になる文はAであり、BとCはAから派生したものだと考えられる。また、BとCはAより第三者である「先生」という要素が増えており、それはBにおいては影響の与え手であり、Cにおいては影響の受け手である。これにしたがって言えば、BとCはAの裏と表であると考えられる。
　一般的に、Cのような文は「間接受身」と呼ばれ、それに対応するAのような文は「能動文」と呼ばれている。本研究では、このAとCの関係を表す用語を照らし合わせながら、Bのような文を「使役表現」と呼び、それのもととなるBのような文を「非使役文」と呼ぶ。ここではこうした「非使役文」と「使役文」との関係は一種の格助詞が昇降する関係とみながらさらに考察する。

1.2 日本語の「使役文」と「非使役文」の関係

　使役表現は、二つの出来事を同時に描く表現である。その二つの出来事のうち、一つは新たな関与者の働きかけを描くもので、もう一つは、働きかけを受ける側の動作、作用、状態変化を描くものである。ここで言う「非使役文」とは後者に当たる。しかし、この「非使役文」が「使役表現」の中の一つの出来事として現れたとき、元の有様のままではなく、本来の形を変えて姿を見せる。次の例文（4）と（5）で言えば、a は「非使役文」で、b の「使役文」の中で現れるとき下線部のように形を変える。

　　　（4）a　子供が学校へ行く。　　→ b　母が<u>子供を学校へ行か</u>せる。
　　　（5）a　子供がケーキを食べる。→ b　母が<u>子供にケーキを食べ</u>させる。

　ここでわかることは、「非使役文」では主語の位置にあって「が」格を取る「子供」は、使役文の中では新たな関与者である「母」の働きかけの対象となって、「を」格か「に」格を取るようになっている。その関係を表で表せば、次のようになる。

〈表-1〉

	使役者	格助詞	動作主・被使役者	格助詞	述語
非使役文			X	が	V
使役表現	W	が	X	を・に	V させる

（W が使役者を、X が被使役者を示す）

　本研究では、このような新たな関与者のことを「使役者」と呼び、その関与者の働きかけの対象となる「非使役文」の主語を「被使役者」と呼ぶ。
　使役者が「が」格を取ることはいかなる状況の中でも変わりがないが、「被使役者」が「を」格を取る場合と「に」格を取る場合がある。日本語の研究では、「被使役者」が「を」格を取るのを「を使役文」、「に」格を取るのを「に使役文」などと呼び、しばしば問題とするところである。以下では「を使役

文」と「に使役文」に対する主な先行研究をまとめておく。

1.3 「を使役文」と「に使役文」

　結論から先に述べれば、被使役者が「を」格と「に」格のいずれかを取るかは使役表現の述語となる動詞の性質によるものである。まず例文（6）と（7）をみる。

　　（6）a．太郎が次郎を悲しませた。
　　　　 b．＊太郎が次郎に悲しませた。
　　（7）a．低気圧が雨を降らせた。
　　　　 b．＊低気圧が雨に降らせた。

　この例文（6）と（7）は、被使役者が「を」を取るのが自然で「に」を取ると不自然な文になってしまう。一方、次の例文（8）と（9）は、「に」を取るのが自然で「を」を取ると不自然な文になってしまう。

　　（8）a．母が子供に勉強をさせた。
　　　　 b．＊母が子供を勉強をさせた。
　　（9）a．母が子供におしっこさせた。
　　　　 b．＊母が子供をおしっこさせた。

　しかし、次の例文（10）と（11）は、被使役者が「を」を取ろうと、「に」を取ろうと文の自然さには変わりがない。

　　（10）a　コーチが選手を走らせた。
　　　　　b　コーチが選手に走らせた。
　　（11）a　主人が犬を散歩させた。
　　　　　b　主人が犬に散歩させた。

　ここでわかるのは日本語はその文によって被使役者が「を」しか取れない場

合と、「に」しか取れない場合、そして「を」と「に」の両方がとれる場合がある。その違いはいったいどこから生じたのだろうか。

　使役者の働きかけの目的によるものだという説もあるが、寺村秀夫（1982）では、「文法的な形式（この場合は使役の助動詞）の使用に、語彙の構造（この場合は動詞の自他の対応するさま）が関わるということは、文法形式の固有の意味を考えるときに、語彙構造を「語彙の問題」として考慮の外におくということが軽率に過ぎる」と批判した。使役文の述語となる動詞の性質をもとに出した結論を整理すると次のようになる。

　　〈1〉「飲む」のような他動詞が使役態を取り、動作主が被使役者という役割に転じると次の例文（12）と（13）のように「に」となり、「を」にはならない。

　　　（12）母が赤ん坊にミルクを飲ませる。（＊赤ん坊を）
　　　（13）師匠が弟子に子供たちに将棋を教えさせる。（＊弟子を）

　　〈2〉自動詞の中で感情や自然現象を表すものの動作主体が、被使役者という役割に転じると例文（14）と（15）のように「を」となり、「に」にはならない。

　　　（14）彼は巧みな手品で皆を驚かせた。　　　　　　（＊皆に）
　　　（15）私どもはお客さんを笑わせるのが商売で…。（＊お客さんに）

　　〈3〉他動詞の中で働きかけの相手が「を」ではなく「に」を取る「嚙み付く」のような動詞の動作主体が、被使役者という役割に転じると例文（16）と（17）のように「を」にも「に」にもなるが、「に」のほうが「を」より自然である。

　　　（16）彼が犬（に／？を）その男に嚙み付かせる。
　　　（17）彼が彼ら（に／？を）その提案に賛成させた。

第2章　両言語の使役表現の統語的な特徴　　29

〈4〉自動詞の中で出どころを表す「を」を用いた移動動詞の動作主体が、被使役者という役割に転じると例文（18）と（19）のように「を」にも「に」にもなるが、「に」のほうが「を」より自然である。

(18) 虎（に／？を）檻を出させる。
(19) 子供を（に／？を）親元を離れさせる。

〈5〉自動詞の中で通り道を表す「を」を用いた移動動詞の動作主体が、被使役者という役割に転じると例文（20）と（21）のように「を」にも「に」にもなるが、「を」のほうが「に」より自然である。

(20) 息子（を／？に）大学を卒業させる。
(21) 外国船（を／？に）その海峡を通過させる。

〈6〉自動詞の中で移動動詞の動作主体が、被使役者という役割に転じると例文（22）と（23）のように「を」でも「に」でも自然になる。

(22) 弟（を／に）大学へ行かせる。
(23) 娘（を／に）下宿させる。

以上の使役文の述語になる動詞の性質と被使役者が取る格である「を」格と「に」格の関係に関する寺村秀夫（1982）による結論をまとめれば次のようになる。
　①被使役者が「を」しか取らない場合：
　　自動詞の中で感情や自然現象を表す動詞。
　②被使役者が「に」しか取らない場合：
　　目的語が「を」格を取る「飲む」のような他動詞。
　③被使役者が「を」を取るのがより自然である場合：
　　自動詞の中で通り道を表す「を」を用いた移動動詞。

④被使役者が「に」を取るのがより自然である場合：
　a.「嚙み付く」のような働きかけの相手が「に」を取る他動詞。
　b．自動詞の中で<u>出どころを表す「を」</u>を用いた移動動詞。
⑤「を」と「に」両方を取るもの：
　自動詞の中で④b以外の移動動詞。

　本研究では寺村秀夫（1982）の立場を取る。以下では「を使役文」と「に使役文」の意味の違いについての先行研究をまとめておく。

1.4　「を使役文」と「に使役文」の意味的違いについての先行研究

　松下大三郎（1930）は、「使動文」には次の例文（24）と（25）のaのような「自動の使動」と、bのような「他動の使動」があると指摘し、「事柄に重きを置く時は｛に｝を用い、人に重きを置く時は｛を｝を使ふ」と結論付けている。

（24）a．下女に夜使に行かせる。
　　　b．下女を夜使に行かせる。
（25）a．子供に牛乳を飲ませる。
　　　b．子供を牛乳を飲ませる。

　kuroda（1965）では、変形文法の立場から使役構文を分析し、「を使役文」は強制の意味を表し、「に使役文」は任意・許容の意味を表すと指摘している。この問題をより包括的に取り扱ったのは柴谷方良（1978）で、使役文を意味的に「誘発使役」と「許容使役」に二分し、それぞれの意味を表す場合の「を」と「に」の相違点を次のように述べている。
　<u>「誘発使役」における「を使役文」と「に使役文」の違いは、前者は被使役者の意志を無視した表現であるが、後者は被使役者の意志を尊重した表現である。</u>その根拠は、「を使役文」は、強制的に強いられた状況とか、使役者が直接手を下して物事を引き起こした場合とか、それに使役者が権威者である場合などを典型的に表す。一方、「に使役文」は、被使役者の意志を重んじ、使役者がそれにうったえて物事を引き起こしたような状況を典型的に表す、と指摘している。

「許容使役」における「を使役文」と「に使役文」の違いは、主に許容の違いにある。許容には、承諾を与えて積極的に許すという場合と、積極的承諾を与えないが、ある物事の発生・進行を防げるのを控えるという消極的な許容がある、と指摘している。

寺村秀夫（1982）では、動詞の本来の性質から「を使役文」と「に使役文」の違いを分析し、被使役者が「を」と「に」のどれを取っても自然になる場合に限り、「に」は被使役者の意思を考慮してそれに働きかけるとき使い、「を」はその意思を無視して働きかけるとき使う。しかし、「妹を病気で死なせた」をあげて、「を」なら「許容、放任」に絶対にならないというのはいいすぎだと思われる、と指摘している。

1.5　まとめ

使役表現は二つの出来事から構成され、その一つは新たな関与者の働きかけを描いたものである。もう一つは、働きかけを受ける側の動作や変化を描いたもので、使役表現になる前の文、つまり、新たな関与者が関与していない状態を描く表現であり、ここでは「非使役文」と呼んだ。「使役文」は「非使役文」から派生したものだと考えられる。「非使役文」の主語は使役文では「被使役者」の立場に転じ、使役動詞の性質により「を」格か「に」格を取るようになる。それぞれを用いた文は「を使役文」、「に使役文」と呼ばれて問題にすることが多い。

この「を使役文」、「に使役文」の意味的違いについて先行研究の典型的な観点を取り上げた。松下大三郎（1930）、kuroda（1965）、柴谷方良（1978）などでは、『「に使役文」は、事柄に重きを置く；任意・許容；被使役者の意志を尊重した表現である』とあり、『「を使役文」は、人に重きを置く、強制の意味、被使役者の意志を無視した表現である』と指摘されている。寺村秀夫（1982）では、動詞の本来の性質から両者の違いを分析し、被使役者が「を」と「に」のいずれを取っても自然になる場合に限り、「に」は被使役者の意思を考慮してそれに働きかけるとき使い、「を」はその意思を無視して働きかけるとき使う。しかし、「妹を病気で死なせた」を挙げて、「を」なら「許容、放任」に絶対にならないというのは言いすぎだと思われると指摘している。本研究では寺村秀

夫 (1982) の立場を取る。

2. アムド・チベット語の使役表現の統語的特徴
2.1 アムド・チベット語の使役表現

　アムド・チベット語の使役表現の形態は使役助詞の「'xeu」とその異形態と使役動詞「jeug」とその異形態などから成り立っていることについて前章で述べた。本節では、アムド・チベット語の使役表現の統合的特徴を考察する。まず、次の例文（26）と（27）からみる。

　　(26) weu mo hlop tra a gyo
　　　　 娘　 学校　 a 　行く
　　　　 娘が学校に行く。
　　(27) weu mo 'xeu*1 'sa ma 'sa
　　　　 娘　　 'xeu　 ご飯　食べる
　　　　 娘がご飯を食べる。

　この例文（26）と（27）は、いわゆる普通の動詞述語文であり、主語である「weu mo」が何をするかを問題にしている。それに対して、次の例文（26'）と（27'）は「weu mo」に何かをするようにさせるかを問題にしている。

　　(26') a ma 'xeu <u>weu mo hlop tra a gyo</u> 'xeu jeug
　　　　　母　'xeu　娘　　学校　 a 　行く 'xeu jeug
　　　　　母が娘を学校に行かせる。
　　(27') a ma 'xeu <u>weu mo a 'sa ma 'sa</u> 'xeu jeug
　　　　　母　'xeu　娘　 a　ご飯 食べる 'xeu jeug
　　　　　母が娘にご飯を食べさせる。

　＊1　ここでの「'xeu」は能格であるが、その異形態と直前による音便の仕方などは使役助詞と同じである。

使役表現とは二つの出来事を同時に描くものであると前節で述べたが、この例文（26'）と（27'）は、新たな関与者である「a ma」の働きかけと、その働きかけうを受けた「weu mo」の動きを描いたアムド・チベット語の使役表現である。

2.2 「使役文」と「非使役文」の関係

　上の例文（26'）と（27'）の中の使役者である「a ma」とその後ろの「'xeu」という能格、使役形態である「'xeu jeug」の部分を取り除くと、例文（26'）では下線部に当たる例文（26）がそのまま残り、例文（27'）では例文（27）を少し変形した形で残る。

　したがって、例文（26）と（27）がそれぞれ例文（26'）と（27'）の深層構造を成していると言える。ここでは例文（26'）と（27'）のような使役文の母体となる例文（26）と（27）のことを日本語の場合と対応させて「非使役文」と呼ぶ。

　ここで言う「非使役文」を言い換えれば「動詞文」のことであり、アムド・チベット語の動詞文には、その動詞が必須とする項とそれぞれの項が取る助詞によって次のような四つのパターンに分けることができる。なお、以下で現れるXとYの記号はそれぞれ主語と目的語を表す。

〈1〉「X V」のパターン

　自動詞が述語になると動詞文「X V」のパターンになる。その自動詞には、人間の動きを表す「nya（寝る）」のような意志的な自動詞や「xue（死ぬ）」、「'ga（喜ぶ）」のような無意志的な自動詞、またモノやコトの動きを表す無対動詞や有対動詞がある。次の例文（28）は意志的自動詞が述語となる動詞文である。

　　(28) keu 'ge nya
　　　　 彼　　　寝た
　　　　 彼が寝た。

〈2〉「X a Y　V」のパターン
　述語は自動詞であるが、目的語が主語の位置に現れるパターンである。次の例文（29）の述語である「hok（あたる）」のような動詞も自動詞であるため、「chan ba sha yi a hok（風邪が子供にあたった）」のような表現ができなくもないが、話し手側に近い人間を主語に置くというアムド・チベット語の一般的なヴォイスの制約により、目的語を主語の位置に据えて表現するのが一般的である。このパターン〈2〉の述語になる動詞はほかにも「khi（あたる）」、「thop（得る）」、「'go（欲しい）」のようなものがあるが、いずれの場合も動作の方向性は主語のほうに向かう動詞に限られる。

　　（29）sha yi a chan ba hok
　　　　　子供　a　風邪　あたった
　　　　　子供が風邪を引いた。

〈3〉「XgeuY　V」のパターン
　次の例文（30）の「thong（飲む）」のように目的語が「ϕ」格を取る他動詞が動詞文の述語になる場合このパターンとなる。この種類の動詞は「don（読む）」、「'teup（切る）」などのほか多数ある。

　　（30）sha yi 'xeu hwe cha 'ti
　　　　　子供　'xeu　本　読んだ
　　　　　子供が本を読んだ。

〈4〉「X geu Y　a　V」のパターン
　次の例文（31）の「'car（殴る）」のように目的語が「a」格を取る他動詞が動詞文の述語になる場合このパターンとなる。このパターンの動詞文の述語になるのは「'gyak（打つ）」、「'dong（叩く）」のように動作の方向性が目的語のほうに向かう動詞に限られる。

(31) tshe rang 'xeu dro ma a 'car
　　　ツェラン 'xeu ドルマ a 殴った
　　　ツランがドルマを殴った。

　以上の例文 (28) から (31) の「非使役文」にそれぞれ新たな関与者を加えて「使役文」にすると次のようになる。

(28') ngi kheu 'ge nya 'xeu zheug
　　　私i 彼 寝る 'xeu zheug
　　　私は彼を寝かせた。
(29') a ma 'xeu sha yi a chan ba hok keu zheug
　　　母 'xeu 子供 a 風邪 あたる keu zheug
　　　母が子供に風邪を引かせた
(30') a ma 'xeu sha yi a hwe cha 'ta geu zheug
　　　母 'xeu 子供 a 本 読む geu zheug
　　　母が子供に本を読ませた。
(31') tra xi 'xeu tshe rang nga dro ma a 'car 'geu zheug
　　　タシ 'xeu ツェラン nga ドルマ a 殴る 'geu zheug
　　　タシがツェランにドルマを殴らせた。

　なお、目的語が「a」格を取る例文 (31) のような他動詞例文を「使役文」にした場合、二重の「a」格が出てしまうため、次の (31") ように使役者の働きかけの手段に言及し、複文にして表現するのが一般的である。

(31") tra xi 'xeu tshe rang nga shat li dro ma a 'car 'geu zheug
　　　タシ 'xeu ツェランに言って ドルマ a 殴る 'geu zheug
　　　タシがツェランに言ってドルマを殴らせた。

　ここではアムド・チベット語の「非使役文」と「使役文」の変形関係を次の

〈表-2〉にまとめておく。

〈表-2〉

非使役文	使役文
X　　　　　V	W　geu　X　　　　　V　keu zheug
X　a　　　V	W　geu　X　a　　　V　keu zheug
X　geu　Y　　V	W　geu　X　a　Y　　V　keu zheug
X　geu　Y　a　V	W　geu　X　a　Y　a　V　keu zheug

　これでわかるように、アムド・チベット語の使役文の場合、新たな関与者である使役者が「geu」格を取るようになり、「非使役文」の主語である被使役者が「ϕ」格か「a」格を取るようになる。その被使役者が取る格助詞の違いから、日本語の「を使役文」と「に使役文」を対立させて言えば、アムド・チベット語の使役表現も「ϕ格使役」と「a格使役」に分けることができるが、上でも述べたように日本語の場合は、被使役者が「に」を取っても、「を」を取っても文の自然さが変わらない使役文がある。ここでは例文（22）と（23）を再掲する。

　（22）弟（を／に）大学へ行かせる。
　（23）娘（を／に）下宿させる。

　一方、アムド・チベット語は、被使役者が「ϕ」格か「a」格のいずれを選ばなければならない。論理的には、再掲した次の例文（31）でもわかるように、働きかけの対象を表すのは「a」格の基本的な機能の一つである。

　（31）tshe rang　geu dro ma　a 'car
　　　　ツェラン　geu ドルマ　a　殴った
　　　　ツランがドルマを殴った。

第2章　両言語の使役表現の統語的な特徴　　37

しかし、自動詞からなる使役表現の場合、被使役者が使役者の働きかけの対象であるにも関わらず、次の例文（32）bのように「a」格を用いると非文になってしまう。

(32) a. kheu 'ge　gyo 'xeu zheng
　　　　彼　　行く　'xeu zheng
　　　　彼を行かせた。
　　b. ＊ kheu 'ge a gyo 'xeu zheng
　　　　彼　　　a 行く 'xeu zheng

したがって、アムド・チベット語の使役表現では、被使役者が同時に「φ」格と「a」格の両方を取れないことがわかる。

また、日本語は述語が他動詞であれ自動詞であれ「非使役文」の主体が被使役者の役に転じたとき、その主体を表す「が」格が必ず「に」格か「を」格に変わる。一方、アムド・チベット語は、次の〈表-3〉のように被使役者が他動詞の動作主体である場合、元の「geu」格は「a」格に変わるが、被使役者が自動詞の主体である場合、「φ」格はそのまま原型を保つ。また、「非使役文」では目的語が主語の位置に現れる自動詞文の目的語は使役文の非使役者の位置に現れる場合、「a」格がその姿を変えることがない。この違いも両言語の使役表現の相違点の一つである。自他動詞がそれぞれ「非使役文」と「使役文」の述語となる場合の格の関係をまとめると次の〈表-3〉になる。

〈表-3〉

	非使役文の主語	使役文の被使役者
自動詞	φ格	φ格
	a格	a格
他動詞	geu格	a格

ちなみにアムド・チベット語における使役者が取る能格とその直前の音声関係、および被使役者が取る対格とその直前の音声関係をまとめると次の〈表-4〉と〈表-5〉になる。

〈表-4〉

直前末尾音	-k -g -b -l	-ng -n -m	-r	a i u u e e o
能格	keu	geu	'geu	'xeu

〈表-5〉

直前末尾音	-k	-g	-p	-l	-ng	-n	-m	-r	-eu	-a -i -u -e -o
対格	Va	'xa	wa	la	nga	na	ma	ra	-e	a

2.3 「ϕ格使役」と「a格使役」になりうる動詞

アムド・チベット語の使役表現は、被使役者が「ϕ」格を取るか「a」格を取るかは動詞の性質によるものだと考えられる。ここでは「ϕ格使役」と「a格使役」になりうる動詞について考察する。

日本語の動詞文は、その述語が自動詞であれ他動詞であれ主体を「が」格で表すのに対して、アムド・チベット語の場合、動作や変化の主体を「ϕ」格、「geu」格、「a」格で表すものがある。しかし、次の例文(33)と(34)でもわかるように、同じ文で、動作主体が「ϕ」格、「geu」格、「a」格を同時に取れるものはない。

(33) a. sha yi 'nyeut
　　　　子供　ϕ　寝る
　　　　子供が寝る。
　　b. ＊ sha yi geu 'nyeut
　　c. ＊ sha yi a 　'nyeut

(34) a. sha yi 'xeu 'man thong
      子供 'xeu 薬 飲む
      子供が薬を飲む。
   b. ＊ sha yi 'man thong
   c. ＊ sha yi a 'man thong

　このように動作や変化の主体を「ϕ」格で表す文の述語になりうる動詞には次のようなものがあり、これらの動詞は同時に「ϕ格使役」の述語にもなる。

① 「cheuk（割れる）」、「khu（沸く）」、「gu（動く）」、「gyeur（変わる）」、「chat（切れる）」、「di（集まる）」、「neup（沈む）」、「kyham（広がる）」、「xeu（死ぬ）」のような有対自動詞。
② 「gyo（行く）」、「thar（逃れる）」、「'tsep（着く）」、「bro（逃げる）」、「thon（到達する）」、「'gyeug（走る）」、「peur（飛ぶ）」のような移動動詞。
③ 「lang（立つ、起きる）」、「nya（寝る、横たわる）」、「'tsok（座る）」、「deug（いる）」、「'geur（「腰や頭を」下げる）」、「'gyi（「腰や頭を」上げる）のような姿勢動詞。
④ 「ga（喜ぶ）」、「'deug（悲しむ）」、「seun（寂しくなる）」、「'kyeut（幸せになる）」、「'so（楽しくなる）」のような感情動詞。

　動作や変化の主体を「geu」格で表す文の述語になりうる動詞には次のようなものがあり、これらの動詞は同時に「a格使役」の述語にもなる。

① 「'ku（沸かす）」、「'gu（動かす）」、「'gyeur（変える）」、「cat（切る）」、「'di（集める）」「'neup（沈める）」、「'sot（殺す）」「'tor（散らす）」のような有対他動詞。
② 「gyak（打つ）」、「so dep（噛み付く）」、「'car（殴る）」、「ga（愛する）」、「'kyon（乗せる）」、「'kon（着せる）」のような対格を取る他動詞。
③ 「reug（見える）」、「thong（見える）」、「ko（聞こえる）」、「'nyet（見つか

る)」,「tran（思い出せる)」のような自発動詞。
④　chot（切れる)」、「phrot（届ける)」、「lon（取れる)」のような可能動詞。

　<u>動作の主体を「a」格で表す文の述語になりうる動詞には「'go（必要する)」</u>と「hok（あたる)」のようなその動作の方向性が主語のほうに向かう動詞があり、使役表現では「a格使役」の述語にもなる。
　ところが、日本語の「に格使役」と「を格使役」の意味的な違いについて論じるとき、前者は「事柄に重きを置く；任意・許容；被使役者の意志を尊重した表現である」、後者は「人に重きを置く、強制の意味、被使役者の意志を無視した表現である」と指摘する研究も多い。しかし、寺村秀夫（1982）では、自動詞の中で移動動詞の動作主体が被使役者という役割に転じるとき「を」を取っても「に」を取っても自然になる。この場合に限り、「に」は被使役者の意思を考慮してそれに働きかけるとき使い、「を」はその意思を無視して働きかけるとき使う。と批判している。
　この観点から言えば、アムド・チベット語の使役表現は、被使役者が「ϕ」格と「a」格を同時に取るものがないため、使役表現を「ϕ格使役」と「a格使役」に分けて意味を分析すること自体は無意味であるが、日本語の「に格使役」と「を格使役」に対照させ、両言語の統語的な相違点を探る点では意義があるだろう。

2.4　まとめ

　アムド・チベット語の場合も「使役文」は「非使役文」から派生したものだと考えられる。非使役文の主語が使役文の被使役者の役に転じたとき、「ϕ」格か「a」格のいずれかを取る。ここで前者を「ϕ格使役」と呼び、後者を「a格使役」と呼んで、日本語の「を使役文」と「に使役文」を対照させた。その違いは文の述語になる動詞の性質によるもので、他動詞と対になっている自動詞、移動動詞、感情動詞などなら「ϕ」格を取り、他動詞、使動詞、自発動詞、可能動詞などなら「a」格を取る。日本語とは違って、被使役者が「ϕ」格と「a」格を同時に取るものがないため、「ϕ格使役」と「a格使役」という分け方は、使役表現の意味を分析することにおいては重要ではない。

3．本章のまとめ

　日本語とアムド・チベット語を含むどの言語の使役表現も二つの出来事から構成され、その一つは新たな関与者の働きかけを描いたもので、もう一つは、働きかけを受ける側の動作・変化を描いたものである。また、「使役文」は「非使役文」から派生したものだと考えられる点では共通している。日本語の使役文が、被使役者が取る助詞によって「に格使役」と「を格使役」に二分できるように、アムド・チベット語の使役表現も「ϕ 格使役」と「a 格使役」に二分することができるが、日本語とは違って、被使役者が「ϕ」格と「geu」格を同時に取るものはない。

　日本語は、非使役文の述語が他動詞であれ自動詞であれ主語を「が」格で表す。そのような非使役文の主語が使役文の被使役者の役割に転じたとき必ず「に」格か「を」格に変わる。一方、アムド・チベット語は、被使役者が他動詞の動作主体である場合、元の「geu」格が「a」格に変わるが、自動詞が述語になる場合や述語が自動詞で目的語が主語の位置に現れる場合、元の「ϕ」格と「a」格がそのまま残る。また、日本語の使役表現の中に、被使役者が「に」格を取るものと、「を」格を取るもののほかに、いずれかを取っても文の自然さが変わらないものがあるのに対して、アムド・チベット語の使役文の場合、被使役者が「ϕ」格と「a」格をともに取る文はない。

第3章　使役表現のタイプと述語となる動詞の関係

　第1章と2章では日本語とアムド・チベット語の形態的・統合的な特徴を考察したが、本章では両言語の使役表現を、使役者が非使役文の主語が主体となる出来事に対する関与の仕方の違いから、使役表現のタイプの分類を試みた上で、さらにそれぞれのタイプの使役表現とその述語となる動詞の関係を考察する。

1. 両言語の使役表現のタイプ
1.1　直接関与型
　前章で述べたように、使役表現とは、非使役文に新たな関与者が関与してできた文であり、その新たの関与者の関与の仕方は文によって異なる。まず例文からみる。

　　　（1）先生が学生に絵をかかせた。
　　　　　'ge 'gan geu lho ma a reu mo breu 'xeu zheug
　　　　　先生　　geu　学生　a　絵　　かく　'xeu zheug

　この例文（1）は「先生が働きかける」という出来事と、その働きかけを受けて「学生が絵をかく」という出来事から構成されている。ここでは前者を「出来事1」、後者を「出来事2」と呼ぶ。通常「使役者」と「被使役者」と呼ばれる概念はそれぞれ「出来事1」と「出来事2」の主語に当たる。本研究ではこれらの概念も併用する。ある出来事に新たな関与者が関与して、ある出来事を引き起こすという一般的な使役表現の定義にしたがっていえば、「出来事1」の主語が新たな関与者であり、その新たな関与者の関与によって引き起こされたのが「出来事2」である。言い換えれば、使役表現とは「出来事2」に新たな関与者が関与してできた文だとも言える。

例文（1）のように使役表現には、その構成要素である二つの出来事のうち、「出来事1」が先に発生し、それによって「出来事2」を引き起すタイプの表現がある。こうしたタイプは「先生が何らの働きかけをする」という「出来事1」の発生がなければ「学生が絵をかく」という「出来事2」の発生もないことを意味するため、「出来事2」の発生に「出来事1」の主語である新たな関与者の関与が不可欠である。ある出来事に新たな関与者が関与してある出来事を引き起こすという使役表現とはこのタイプを指しており、これは最も基本的な使役表現の構造である。このように、「出来事2」の発生に「出来事1」の主語が直接関わっているタイプの使役表現を**「関与型使役表現」**と呼ぶ。
　こうした関与型使役表現であっても、その関与の手段については言及されないのがほとんどであり、仮に言及されたとしても指令など言葉による間接的な働きかけであることが多いが、次の例文（1'）のように具体的な動作によって関与する場合もある。

　　（1'）先生が学生の手を摑んで絵をかかせた。
　　　　　'ge 'gan geu lho meu lak kui zong ngi reu mo breu 'xeu zheug
　　　　　先生　　geu　　学生の手を摑んで　　　絵　　かく　'xeu zheug

　こうした具体的な動作による関与を「直接関与」と呼ぶことにすれば、指令など言葉による関与は「間接関与」とも呼べる。いずれにしても使役者の関与によって「出来事2」を引き起こすことを表す点では共通している。

1.2　非関与型
　これに対して、次の例文（2）は、使役者の位置にある「父」が働きかけて「息子が戦争で死んだ」という出来事を引き起こしたという意味を表しているのではなく、「息子が戦争で死んだ」という出来事が発生し、それについて「父」に何らかの責任があることを表している。

(2) 父は息子を戦争で死なせた。
　　　a pa 'xeu sheu leu 'mak trheug ni xeu 'xeu zheug
　　　父　'xeu 息子　　　戦争　　ni 死ぬ 'xeu zheug

　すなわち、この使役表現は二つの出来事から構成されているというより、非使役文が表す出来事の発生に責任があると思われる人間を使役者の位置に据えただけである。この例文（2）で言えば、「息子が戦場で死んだ」という出来事の発生すら父が知らない場合も同じ表現ができるため、「息子が戦場で死んだ」という出来事に「父」が関与しているとは考えにくい。それにも関わらず「父」を使役者の位置に据えたのは、話し手（書き手）があたかも責任があると思われる人間がその出来事を引き起こしたように捉えているにすぎない。
　こうした非使役文が表す出来事の発生に使役者の位置にある人間が事実上全く関与していないにも関わらず、使役構文を成している場合を、「関与型使役表現」と対立させて「**非関与型使役表現**」と呼ぶ。

1.3　間接関与型

　次の例文（3）は、非使役文が表す「囚人が逃げる」という出来事が先に発生し、それに対して使役者の位置にある「看守」が見ぬふりをして放置したことを表している。

(3) 看守が見ぬふりをして囚人を逃げさせた。
　　　tson hrong geu ma reug kho ci ni tson ma bro 'xeu zheug
　　　看守　　　geu 見ぬふりをして　囚人 逃げる 'xeu zheug

　つまり、使役者の位置にある「看守」は「囚人」が自らの意志によって「逃げる」という行為を引き起こそうとしている段階、あるいはすでに引き起こしている段階において「見ぬふりをする」という態度を取ることを表す。
　この場合「看守が見ぬふりをする」という「出来事1」より「囚人が逃げる」という「出来事2」のほうが先に発生しているため、「関与型」とは違って「出来事1」の主語が「出来事2」の発生の前段階、つまり未発生の段階か

ら関与していることはありえない。しかし「出来事2」の主体が自らの意志によって引き起こそうとしている段階、あるいはすでに引き起こしている段階（この二つの段階を「発生中」と呼ぶ）において、ある態度（この場合「放置」の態度）を取るという形で関与している。

このタイプの使役表現は使役者が被使役者に働きかけていない点では例文（2）のような「非関与型使役表現」に似ており、発生中の「出来事2」に対して「出来事1」の主語がある態度を取る形で関与している点では「関与型使役表現」に似ている。

すなわち、使役者の位置にある人間の「出来事2」に対する関与の仕方は、その「出来事2」の未発生段階では「非関与的」で、発生中の段階では「関与的」であるため、使役者の位置にある「看守」は「囚人が逃げる」という出来事に関与的か非関与的かという二分法でいえば関与的であり、「関与型使役表現」に分類できる。

しかし、この例文（3）は上の「先生が学生に絵をかかせる」という例文（1）の場合の「関与型使役表現」とは決定的な違いがある。つまり、例文（1）は、「出来事1」と「出来事2」のうち「先生が働きかける」という「出来事1」が先に発生し、それによって「学生が絵をかく」という「出来事2」を引き起こすことを表す。それに対して例文（3）は、「囚人が逃げる」という「出来事2」が先に発生、あるいは発生しようとしているときに「看守が見ぬふりをして放置する」という「出来事1」が発生することを表す。言い換えれば例文（1）は使役者の位置にある「先生」が直接働きかけて「学生が絵をかく」という「出来事2」を引き起こしたことを表し、例文（3）は、「囚人が逃げる」という「出来事2」が発生している、あるいは発生しようとしているとき、使役者の位置にある「看守」が「放置」の態度を取る形で関与することを表す。

本研究では、使役者の位置にある人間が「出来事2」の発生にどのような形で関与しているかを基準にして、例文（1）のような関与型使役表現を「**直接関与型使役表現**」と呼び、例文（3）のような関与型使役表現を「**間接関与型使役表現**」と呼んで区別する。

それでは次の例文（4）はどうなるだろうか。

（4）太郎が20歳になったので、父が彼に酒を飲ませた。
ta ro lo nyeu xe weut tang no 'xeu a bi kho a chang thong geu zheug
太郎　20歳になった　　ので　　　父i 彼　　a 酒を飲む geu zheug

　この例文（4）は「出来事2」の主語である「太郎」には「酒を飲む」という出来事を引き起す願望や要求があり、それに対して、支配者の立場にある「父」が「太郎が20歳になった」ことを理由に、その願望の実現に向けて許可を与えたことを表す。つまり、太郎に酒を飲みたいという願望があり、酒を飲むという「出来事2」を引き起こそうとしている（少なくとも引き起こす願望がある）ときに、その「出来事2」の主語である「太郎」の行為を支配できる立場にある「父」が、「許可を与える」という態度を取ることを表す。
　これもまた「出来事2」の発生に「出来事1」の主語が「許可を与える」という形で関与しているために「関与型使役表現」に分類できる。しかし、例文（3）と（4）は使役者の位置にある人間が「出来事2」の発生に関与する度合いが異なる。つまり、例文（3）は「囚人が逃げる」という「出来事2」が発生しようとしているときに、使役者の位置にある「看守」が「見ぬふりをする」という消極的な態度を取る。それに対して例文（4）は「太郎が酒を飲む」が発生しようとしているときに、「父」が積極的に許可を与えるという積極的な態度を取る点が異なる。これについては第5章で論じる。

1.4　まとめ
　本節で使役者の位置にある人間は「出来事2」の発生に関与しているかいないか、また、関与している場合のその関与が直接か間接かによって日本語とアムド・アムド・チベット語の使役表現のタイプを分類した。それをまとめると次のようになる。

使役表現 ⎰ 関与型 ⎰ 直接関与型（先生は学生に絵をかかせる）
　　　　 ⎱　　　　⎱ 間接関与型（看守は見ぬふりをして囚人を逃げさせた）
　　　　 ⎱ 非関与型　　　　（父は息子を戦場で死なせた）

2．両言語の使役表現のタイプと動詞の関係
2.1　意志動詞の場合

　次の例文（5）の「飲む／'thong」のような他動詞が使役表現の述語となる場合、日本語では直接関与型と間接関与型にしか解釈できないが、アムド・チベット語は三つのタイプの解釈が可能である。つまり、日本語では父が働きかけて息子に酒を飲ませたという直接関与型的な解釈と、父が息子に酒を飲む許可を与えた、あるいは息子が酒を飲んでいるのを父が黙認したという間接関与型的な解釈しかできないが、アムド・チベット語はそのほかに、(酒を飲んではいけない) 息子が酒を飲んでしまったことは父に責任があるという非関与型的な解釈も可能である。

　　（5）父が息子に酒を飲ませた。
　　　　　a pa 'xeu sheu le chang thong geu zheug
　　　　　父　'xeu 息子a 酒　飲む　geu zheug

　また、アムド・チベット語は次の例文（6）の「gyo（行く）」のような意志性のある自動詞が使役表現の述語となる場合も他動詞と同様に三つのタイプの解釈が可能である。つまり、父が働きかけて息子を行かせたという関与型的な解釈もできれば、父が息子に行く許可を与えた、あるいは息子が行こうとしていることを父が黙認するという間接関与型的な解釈もできる。また、(行ってはいけない) 息子が行ってしまったことは父に責任があるという非関与型的な解釈も可能である。

　　（6）a pa 'xeu sheu leu gyo 'xeu zheug
　　　　　父　'xeu 息子　行く　'xeu zheug

一方、日本語はこうした「行く」のような移動動詞が述語となる場合、被使役者が「を」格を取っても、「に」格を取っても自然な文になることが多い。いずれにしろ非関与型的に解釈できない点では他動詞と共通しているが、直接関与型と間接関与型的な意味に解釈するとき、次の例文（6'）のようにいわば「を使役文」と「に使役文」の問題が生じる。

　　（6'）a　父が息子を行かせた。
　　　　　b　父が息子に行かせた。

　この例文（6'）のaとbはともに直接関与型的に捉えて〈動作の引き起こし〉の意味に解釈できるが、前者は被使役者の意思を無視し、後者は被使役者の意思に考慮している点が異なる。これについて柴谷方良（1978）は使役表現を意味的に「誘発使役」と「許容使役」に二分し、誘発使役の場合「を使役文」は被使役者の意志を無視した表現であり、「に使役文」は被使役者の意志を尊重した表現である。しかし、間接関与型的な解釈をするときには、（6'）のaとbはそれぞれ〈許可〉と〈放置〉という異なる意味を表す。これについても同氏は許容使役の「を使役文」は承諾を与えて積極的に許すことを表し、「に使役文」はある物事の発生・進行を防げるのを控えるという消極的な許容を表すと指摘している。
　ところが、両言語の使役表現には次の例文（7）の「計算する／'tsi 'geuk」のように、本来は人間の動作を表す意志動詞でありながら無情物である機械などの動作を表す場合がある。

　　（7）a　彼はコンピューターに計算させた。
　　　　　b　khi 'tsi khor ra 'tsi 'geuk　keu zheug
　　　　　　彼 i コンピューター ra 計算する keu zheug

　この場合、使役者である「彼」が被使役者である「コンピューター」に働きかけて「計算させる」という関与型的な〈動作の引き起こし〉の意味にしか解

釈できない。つまり、コンピューターなどの機械はいくら人間に近くても自分の意志を持たないため、コンピューターが計算する願望があり、それに対して「彼」が〈許可〉を与えた、あるいはコンピューターが計算しようとしているのを成り行きのままにするという間接関与型的にも、コンピューターが自主的に計算してしまったことは「彼」の責任であるという非関与型的にも解釈できない。その点では両言語が共通している。

2.2 無意志動詞の場合

次の例文（8）の「怖がる／'kyeuk」のような人間の心理的変化を表す感情動詞はそもそも何らかの刺激による結果であるため、「使役態＋テンス」の形の文だけでは間接関与型的や非関与型的な解釈はできない。しかし、使役者の目論見が別のところにあるにも関わらず、話し手にとって望ましくない被使役者の心理的変化を引き起こしてしまう次の例文（8）のような場合がある。

（8）彼は敵を怖がらせようとして、喜ばせてしまった。
　　　kheu 'geu 'dra wo 'keuk keu jeug 'gyi zi ni 'ga 'xeu zheug
　　　彼　　'geu　敵 怖がる　keu jeug 思って 喜ぶ 'xeu zheug

この場合「敵を怖がらせる」ことは意図的な〈変化の引き起こし〉であり、「喜ばせてしまった」ことは不本意の〈変化の引き起こし〉である。こうした不本意の〈変化の引き起こし〉の意味は非関与型使役表現とかなり接近するが、使役者の目論見は別のところにあっても、事実上「出来事2」の発生に関与しているため「使役態＋テンス」の形で終わっている文は非関与型的な解釈にはならない。

しかし、感情動詞以外のほとんどの無意志動詞は基本的に無情物の変化を表す動詞である。この無情物の変化を表す無意志動詞が使役表現の述語になるということは、無情物が被使役者になるということになる。

こうした無意志動詞には両言語がともに対立する他動詞のある場合とない場合がある。当然ながら両言語のその対立は完璧に対応しているわけではない。次の例文（9）と（10）のように無対無意志自動詞と使役形態（「-aseru／saseru」

と「geu zheug」など）が共起する場合、両言語ともに関与型的な意味に解釈できる。また、手段として使えるため対応する他動詞の代わりの役割を果たしている。

(9) 警察は不発弾を<u>爆発させて</u>処理した。
(10) kheu 'geu ca khyak keu zheug 'xi thong
　　　彼　'geu 茶 冷える keu zheug て飲んだ
　　　彼はお茶を冷して飲んだ。

　この場合被使役者の位置にあるのは無情物であるため、両言語ともに支配者の立場にある使役者が被使役者の願望の実現に向けて許可を与えるという間接関与型的な意味には解釈できないが、成り行きのままにしたという間接関与型的な意味の解釈は成り立つ。また、アムド・チベット語の場合、非関与型的な意味にも解釈できる。
　ところが、例文（11）と（11'）のように有対無意志自動詞の場合、日本語では「ゼリーを固まらせた」のように自発性のある自動詞を除いて、基本的に「-aseru／saseru」と共起できないが、アムド・チベット語では有対無意志自動詞でも「geu zheug」と共起できる。

(11) a．＊彼が窓ガラスを壊れさせた。
　　　b．彼は窓ガラスを壊した。
(11') a．kheu 'geu xe 'go chak keu zheug
　　　　　彼　'geu 窓ガラス 壊れる keu zheug
　　　b．kheu 'geu xe 'go cak
　　　　　彼　'geu　窓ガラス 壊す

　この例文（11'）のaは基本的に非関与型的にしか解釈できないが、使役者の位置にある人間がマジシャンのような超能力の所有者である場合、関与型的な意味に解釈することが可能である。また次の例文（12）のようにアムド・チベット語の場合、奇跡を引き起こすという意味では「yo（ある）」「me（ない）」

という存在動詞も使役化することができるが、日本語ではできない。

 (12) khi 'lo 'gyak Va cok 'tei thok keu 'hwe cha me keu zheug
    彼 i 突然   机 上 の 本 ない keu zheug
    彼は机の上の本を消えさせた。

2.3 特殊な動詞「死ぬ／xeu」の場合

「僕は明日死ぬ」のような事態の発生は「死ぬ／xeu」の行為主体の意志でコントロールできるが、その事態発生の阻止は主体の意志でコントロールできないため、この動詞には意志性も無意志性もあることがわかる。言い換えれば「死ぬ／xeu」の場合は意志動詞と無意志動詞が同形である。

 (13) 太郎は次郎を死なせた。
    ta ro 'xeu ji ro xeu 'xeu zheug
    太郎 'xeu 次郎 死ぬ 'xeu zheug

この例文（13）は太郎が働きかけて次郎を死なせた（殺した）という直接関与型的にも、次郎が死につつあるのを太郎がそのまま放置したという間接関与型的にも解釈できる。また、次の例文（2）（再掲）は「息子が戦争で死んだ」という出来事の発生に「父」がまったく関与していないのにも関わらず使役表現の形をしている非関与型的にも解釈できる。

 （2）父は息子を戦争で死なせた。
    a pa geu sheu leu 'mak trheug ni xeu 'xeu zheug
    父 geu 息子 戦争 ni 死ぬ 'xeu zheug.

この特殊な動詞は使役表現の述語になると両言語ともに三つのタイプに解釈できる。しかも、日本語においては「使役態＋テンス」で終わっている文では唯一非関与型的に解釈できる使役表現となる。

3．本章のまとめ

　日本語とアムド・チベット語の使役表現には、使役者が「出来事２」の発生への関与の有無によって「関与型」と「非関与型」の二つのタイプに分けられ、そのうち「関与型」はさらに使役者が「出来事２」の発生にどのように関与しているかによって「直接関与型」と「間接関与型」というタイプに分けられる。

　意志動詞が述語となる場合、アムド・チベット語では自他を問わず三つのタイプに解釈することが可能であるが、日本語では関与型しか解釈できない。しかも「を」格と「に」格のどちらにも取れる自動詞使役文を直接関与型的に解釈する場合、いわゆる「を使役文」は被使役者の意志を無視した上での引き起こしを表し、「に使役文」は被使役者の意思に考慮した上での引き起こしを表す。また、間接関与型的に解釈する場合、「を使役文」は〈許可〉を、「に使役文」は〈放置〉を表す。

　人間の心理的変化を表す感情動詞が使役表現の述語となるとき両言語はともに直接関与型的にしか解釈できない。無対無意志自動詞が述語となる場合も直接関与型的に解釈が可能であり、手段としても使うことができるため、他動詞の役割を果たしている点でも両言語が共通している。なお、アムド・チベット語は、こうした感情動詞が述語となる使役表現を非関与型的に解釈することも可能である。

　日本語の使役態は有対無意志自動詞と共起できないが、アムド・チベット語の使役態は有対無意志自動詞とも共起でき、非関与型的な解釈が可能となる。しかし、使役者が超能力の所有者である場合、関与型的に解釈することも可能である。意志動詞と無意志動詞両方の性質を持つ「死ぬ／xeu」は、両言語ともに三つのタイプに解釈できる。しかも、日本語においては唯一非関与型的に解釈できる使役表現である。

第4章　使役表現の意味と語用論的意味の関係

1. 使役表現の意味に対する先行研究

　アムド・チベット語の使役表現に関する研究は語学学習のテキストのレベルにとどまっており、学校文法では使役表現の文法項目すら立てていないのが現状である。一方、日本語の使役表現については盛んに研究が行われている。ここではそのうち使役表現の意味についての典型的な見解を取り上げる。

　阪田雪子 (1980) は、使役表現全体の意味を主格に立つ人がある行為にどの程度直接に関わりを持つかによって次のように5分類している。

　① 使役　　　　　→　私は娘に料理を作らせた。
　② 期待通りの結果　→　お世辞を言って、彼女を喜ばせた。
　③ 許可　　　　　→　本人の希望を入れて、アメリカに留学させた。
　④ 放任　　　　　→　勝手に怒らせておけ。
　⑤ ある結果を招く　→　うっかり失礼なことを言って彼を怒らせてしまった。

　この問題について石川守 (1992) は次のように12種に分類している。

　① 命令／強制　　　　　→　先生は生徒を廊下に立たせた。
　② 補助・手伝い　　　　→　赤ちゃんに乳を飲ませた。
　③ コントロール、操作　→　親は子供を自立させるために、さまざまな試みを行っている。
　④ 監視、管理、監督　　→　公園で子供を遊ばせた。
　⑤ 許可・許し　　　　　→　子供はどうしても映画を見たいというので、行かせることにした。
　⑥ 諒解を求める言い方　→　すみませんが、勝手に机の上を片付けさせてもらいました。

⑦　恩恵に対する感謝とへりくだり→　お蔭様で毎日元気に過ごさせていただいております。
⑧　放置放任　　　　　→　やりたいようにやらせておく。
⑨　責任　　　　　　　→　子供に風を引かせてしまった。
⑩　失敗や成果の原因　→　時間を間違えてお客さんを待たせてしまった。
⑪　感情的な反応の原因→　親切にしたつもりが、逆に相手を怒らせてしまった。
⑫　自動詞の他動詞化　→　議論を戦わせる。

孫東周（2005）は、使役主体に意図性がある場合とない場合に分けて10種に分類している。
◆使役主体に意図性がある場合：
　①　語彙的な他動　　→　次郎は（お雪が）着ているものを脱がせた。
　②　「強制1」　　　　→　（身動きできない）お前に口移しで飲ませるのは〜。
　③　「強制2」　　　　→　太郎は（水を飲みたがらない）次郎に水を飲ませた。
　④　「説得」　　　　　→　太郎が今回の宝くじは確率が高いと示唆し、今まで買ったこともない次郎に宝くじを買わせた。
　⑤　「配慮」　　　　　→　あのホテルはタオルとシャンプを使わせてくれる。
　⑥　「許諾」　　　　　→　子供が家に帰りたいと先から言っていたので、先生は子供を家に帰らせた。
　⑦　「黙認」　　　　　→　公園で遊んでいたのでそのまま遊ばせた。

◆使役主体に意図性がない場合：
　⑧　「誘発」　　　　　→　それが彼をアメリカに留学させる原因となった。
　⑨　「不注意」　　　　→　お雪は誰にも見せたことのない裸身を、よりにもよって仇敵の次郎の目の前にさらし、大小便の世話までさせたというその屈辱に、舌を嚙んで死にたい気持ちだった。
　⑩　「判断」　　　　　→　いや、僕に言わせりゃ、秋山さんのほうが子供ですよ。

佐藤里美（1986）は、使役者と被使役者がともに人間である場合の使役表現を、動作源泉が使役主体にあるか、それとも動作主体（被使役者を指す）にあるかによって、使役表現を二分し、さらにそれぞれの述語が意志動詞か無意志動詞かに分けて、次の〈表-1〉のような最終的な結論を出している。

〈表-1〉

		源泉＝使役主体	源泉＝動作主体
まとめ	意志動詞	指令 　意図的迷惑付与（強制） 　非意図的迷惑付与（不本意） 　意図的利益付与 　非意図的利益付与 　＜必然的な条件付け＞	許可・放任 意図的放任 非意図的放任（放任＝不本意） ＜可能的な条件付け＞
まとめ	無意志動詞	変化の引き起こし 　意図的迷惑付与 　非意図的迷惑付与、不本意 　意図的利益付与 　非意図的利益付与、不本意	放置 意図的放置、許容 非意図的放置、放置＝不本意
うちけし	意志動詞	解放（非強制） 　非指令 　利益付与なし＝不本意 　＜可能的な条件付け＞	禁止 制止、阻止、抑止、非放任 ＜必然的な条件付け＞
うちけし	無意志動詞	非引き起こし	非放任

　本研究ではこれらの研究成果を踏まえ、日本語とアムド・チベット語の使役表現全体を、使役者の位置にあるものが非使役文の主語が主体となる「出来事2」の発生への関与の有無によって、「関与型使役表現」と「非関与型使役表現」の2つのタイプに分類し、また「関与型使役表現」を、さらに使役者が「出来事2」の発生に直接関与しているか、または「ある態度を取る」という

形で間接的に関与しているかによって「直接関与型使役表現」と「間接関与型使役表現」に二分して、それぞれの場合の意味を「基本的意味」と「語用論的意味」に区別しながら、両言語の共通点と相違点をより体系的に論じる。

2. 使役表現の意味と語用論的意味

　第3章で述べたように日本語とアムド・チベット語の使役表現を、使役者の位置にあるものが非使役文の主語が主体となる「出来事2」の発生に関与するかしないかによって、「関与型使役表現」と「非関与型使役表現」という2つのタイプに分類し、また「関与型使役表現」を、さらに使役者が「出来事2」の発生に直接関与しているか、または「ある態度を取る」という形で間接的に関与しているかによって「直接関与型使役表現」と「間接関与型使役表現」に二分した。ここではそのうち使役表現の最も基本的意味を表す「直接関与型使役表現」を例にして、両言語の使役表現の「基本的意味」と「語用論的意味」に対する概念を規定するとともに、両者の関係を論じる。

2.1　基本的意味

　ここでは改めて「直接関与型使役表現」の定義をみてみる。「直接関与型使役表現」とは次の例文のように、「学生が絵をかく」という「出来事2」は使役者である「先生」の働きかけによって引き起こされたことを表すことを指す。

　　（1）先生が学生に絵をかかせた。
　　　　　'ge 'gan geu lho ma a reu mo breu 'xeu zheug
　　　　　先生　　geu 学生　　a　絵　　かく　'xeu zheug

　この例文（1）は使役者である「先生」が何らかの形で、「学生が絵をかく」という「出来事2」の主体である「学生」に働きかけ、「学生」が自らの意志で「絵をかく」という行為を引き起こしたこと表す。こうした使役者が被使役者に働きかけ、その働きかけを受けた被使役者が自らの意志で、ある行為を引き起こす意味を〈動作の引き起こし〉と呼ぶ。こうした〈動作の引き起こし〉

を意志動詞が述語となる「関与型使役表現」の基本的意味として位置付ける。
　なお、上の例文（1）からもわかるように〈動作の引き起こし〉を表すには、両言語とも「かく／breu」という意志動詞が述語になっているが、「関与型使役表現」には次の例文（2）のように無意志動詞が述語となる場合もある。

　　（2）彼女が冗談を言って皆を笑わせた。
　　　　 meu 'geu 'tse mo 'tsi ni tshang ma 'got keu zheug
　　　　 彼女 'geu　　冗談を言って　　皆 笑う keu zheug

　この例文（2）のように人間の感情を表す無意志動詞が述語となる場合、使役者である「彼女」が「冗談を言う」ということによって働きかけ、その働きかけを受けた被使役者である「皆」の状態を、笑わない状態から「笑う」という状態に変化させたことを表す。これは例文（1）の使役者の働きかけを受けた被使役者が自らの意志で、ある行為を引き起こしたという〈動作の引き起こし〉とは異なる。したがって、この例文（2）のように使役者の、ある実質的な働きかけによって、被使役者の通常の状態を別の状態に変化させる意味を〈変化の引き起こし〉と呼び、無意志動詞が述語となる「関与型使役表現」の基本的意味として位置付ける。
　こうした〈動作の引き起こし〉と〈変化の引き起こし〉というそれぞれ意志動詞と無意志動詞が述語となる「関与型使役表現」の基本的意味は実際の会話の中では、話し手の捉え方によっては、さまざまな語用論的意味として使われている。ここでは意志動詞が述語となる「関与型使役表現」の12例についてのアンケート調査の結果をまとめながら使役表現の語用論的意味を論じる。

2.2　語用論的意味
　上の例文の「先生が学生に絵をかかせた」のように「先生」が「学生」に働きかけ、「学生」が自らの意志で「絵をかく」という行為を引き起こしたという〈動作の引き起こし〉という意志動詞が述語となる直接関与型使役表現の基本的意味は、実際の会話の中ではどのように捉えられているのか、次の12例の

使役表現について20代のネイティブ日本語112人にアンケート調査（以下ではアンケート調査と略す）を行い、その結果は〈表-2〉に集計した。

〈表-2〉

	①	②	③	④	⑤	⑥	⑦
1．太郎は次郎に酒を飲ませた	72	5	35	50	58	4	0
2．太郎は次郎に絵をかかせた	47	14	51	23	67	21	1
3．先生が学生に絵をかかせた	26	16	70	31	48	29	4
4．太郎は飲みたがっている次郎に酒を飲ませた	0	106	6	1	4	19	88
5．漫画の先生が漫画専門の学生に漫画をかかせた	5	80	27	5	36	59	12
6．漫画の先生が漫画家を目指す学生に漫画をかかせた	3	95	14	5	26	48	35
7．お母さんが純子さんに食事の支度を手伝わせた	74	7	31	36	67	9	0
8．太郎は飲みたがっていない次郎に酒を飲ませた	110	0	2	106	4	0	2
9．太郎は次郎を駅まで行かせた	64	9	39	48	60	4	0
10．太郎は次郎に駅まで行かせた	74	5	33	45	59	8	0
11．兄が新しい家を買って自分の妹に住まわせた	7	71	34	9	46	43	14
12．母が息子に何度もお願いして学校に行かせた	84	8	20	63	32	15	2

（表の中の①〜③までは順に「使役者が被使役者に何かをさせた」ことは被使役者にとって「迷惑」、「利益」、「どちらとも言えない」という答え、④〜⑦までは「使役者が被使役者に強制的にやらせた」と「感じる」、「少し感じる」、「感じない」「まったく感じない」という答えを表す）

ここではまず、上の12例のうち次のaからdをピックアップしてみる。

　　a．太郎は次郎に絵をかかせた。
　　b．先生が学生に絵をかかせた。
　　c．漫画の先生が漫画専門の学生に漫画をかかせた。
　　d．漫画の先生が漫画家を目指す学生に漫画をかかせた。

このaからdの例文は「使役者が被使役者に何かをさせた」ことは被使役者にとって「迷惑」だと思いますか、「利益」だと思いますかという質問には次の〈表-3〉のような回答が得られた。

〈表-3〉

例文	迷惑	利益	どちらとも言えない
a	47	14	51
b	26	16	70
c	5	80	27
d	3	95	14

また、同じくaからdの使役表現について、「使役者が被使役者に強制的にやらせた」という「強制」的なのニュアンスを感じますか、という質問には次の〈表-4〉のような結果となった。

〈表-4〉

例文	感じる	少し感じる	感じない	まったく感じない
a	23	67	21	1
b	31	48	29	4
c	5	36	59	12
d	5	25	47	35

〈表-3〉をさらに「使役者が働きかけて被使役者に何かをさせた」ことは「被使役者」にとって「迷惑」あるいは「利益」で、「どちらとも言えない」と分けて、回答者の比率を示すと次の〈表-3'〉のようになる。

〈表-3'〉

	総数（人）	比率（％）
どちらとも言えない	162	36
迷惑／利益	286	64

　また、〈表-4〉を「使役者が被使役者に強制的にやらせた」という「強制」的なニュアンスを「感じる」と「少し感じる」を「感じる」に、「感じない」と「まったく感じない」を「感じない」に合算して回答者の比率を示すと次の〈表-4'〉のようになる。

〈表-4'〉

	総数（人）	比率（％）
感じる	240	54
感じない	208	46

　アンケート調査の対象者は「使役者が働きかけて被使役者に何かをさせた」という使役表現を、ただ単に使役者が被使役者に働きかけ、被使役者が自らの意志である行為を引き起こすという〈動作の引き起こし〉と捉えるよりも、〈動作の引き起こし〉プラス「迷惑」あるいは「利益」と捉える人が多く、また「使役者が被使役者にやらせた」のを「強制的」に捉える人は、「非強制的」に捉える人より多いことがわかる。
　本研究ではこうした〈動作の引き起こし〉プラスアルファのことを語用論的意味として位置付け、語用論的意味は基本的意味からの派生的意味として考える。
　それではなぜ〈動作の引き起こし〉という基本的意味から「利益／迷惑」あるいは「強制的／非強制的」のプラスアルファの意味が発生するのかを問題にしてみる。
　このアンケート調査の質問でもわかるように、「使役者が被使役者に何かを

させた」ことは被使役者にとって「迷惑」だと思いますか、「利益」だと思いますか、という質問自体は被使役者である被使役者の心境を伺っている。話し手はその心境をどのように捉えるかによって「使役者が被使役者にやらせた」のは強制的か非強制的かが変わる。ここではaからdの例文を比較しながらその理由を探る。

　上のaからdの例文のうち「使役者が被使役者に何かをさせた」ことが被使役者にとって「利益」だと捉えた回答者が最も多かったのはdであり、強制的なニュアンスを「感じる」という答えが最も多かったのはaである。その結果を集計すると次のようになる。

```
           a（14人）    b（16人）    c（80人）    d（95人）    利益
  強制 ←────────────────────────────────────────────────→
           a（90人）    b（79人）    c（41人）    d（30人）
```

ここでわかるのは「使役者が被使役者に何かをさせた」ことが被使役者にとって「利益」だと感じる回答者が多くなるほど、「使役者が被使役者にやらせた」のは「強制的」だと感じる回答者の数が少なくなるという反比例関係となることである。それはいったいなぜだろうか。まず、aとdを比較してみる。

　a．太郎は次郎に絵をかかせた。
　d．漫画の先生が漫画家を目指す学生に漫画をかかせた。

　形からみるとaは「使役者が被使役者にYをVさせる」という単純な形をしているのに対して、dは使役者に「漫画の」という修飾語が付き被使役者に「漫画家を目指す」という修飾語が付いている。これらの修飾語こそ「利益」と感じるかそれとも「強制的」に感じるかの決め手だと考えられる。「漫画家を目指す学生」の場合、明らかに「学生」に漫画を学ぶ望みがあることを表しており、そのような望みのある学生に他の先生ではなく、漫画専門の「漫画の先生」が「漫画をかかせた」ということは、その学生にとって「利益」と捉えるのは理解ができる。ここでわかるのは、使役者が被使役者に被使役者の望み

に沿うようなことをさせるのは使役者にとって「利益」になり、「強制」のニュアンスも感じられなくなることであり、これは当然だろう。

ところが、cはdより「利益」と感じると答えた人が95人から80人に減り、「強制」のニュアンスを感じると答えた人が30人から40人に増えているのはなぜだろうか。

　　c．漫画の先生が漫画専門の学生に漫画をかかせた。
　　d．漫画の先生が漫画家を目指す学生に漫画をかかせた。

このcとdを比較すると被使役者である「学生」を修飾している「漫画専門の」と「漫画家を目指す」という言葉を除けば、ほかの言葉は同じであることからその理由がこの二つの修飾語にあることは明らかである。「漫画家を目指す学生」の場合、「目指す」という意志動詞があるため、その学生に「漫画を学びたい」という気持ちや望みがあることははっきりしているが、「漫画専門の学生」の場合は、漫画を学びたくなければ漫画を専攻しないだろうという判断はしたものの、「漫画家を目指す学生」のように「学生」の動機をはっきり示す「目指す」のような動詞がない。つまり、cよりdのほうが「学生」が「漫画を描きたい」という気持ちや望みをよりはっきりコンテキストの中に与えられているから、上で述べたような結果になったのだと考えられる。

一方、aとbの場合はcとdの場合と違って、「利益」と感じる人よりも「迷惑」であると感じると答えた人が多い。また、aはbより「迷惑」と感じると答えた人が26人から47人に増え、「強制」のニュアンスを感じると答えた人が減っている。それはいったいなぜだろうか。

　　a．太郎は次郎に絵をかかせた。
　　b．先生が学生に絵をかかせた。

このaとbは、使役者と被使役者がともに人間を表す名詞であり、それに修飾語が付いていない点でも共通している。唯一異なるのは「太郎と次郎」、「先生と学生」の社会的な人間関係である。一般的に「太郎と次郎」は対等な

人間関係を表し、「先生と学生」は目上と目下の人間関係を表すものとすれば、対等な関係の人間同士でお互いに何かをやらせるより、目上が目下に何かをやらせるのは許容的になりやすい。したがって、被使役者の気持ちや望みなどを表す言葉がコンテキスト中に与えられていないときは、聞き手はこうした自分の経験などから得た常識とも言える使役者と被使役者の社会的な人間関係などに基づいて、「使役者が被使役者に何かをさせた」ことは被使役者にとって迷惑か利益か、強制的か非強制的かを判断するからだと考えられる。

3. 本章のまとめ

　本章では主に日本語の使役表現に対する先行研究の成果をまとめた上で、使役表現のうち最も基本的意味を表す「直接関与型使役表現」を例にして、使役表現の「基本的意味」と「語用論的意味」の関係を論じた。まず、使役者が被使役者に働きかけ、その働きかけを受けた被使役者が自らの意志で、ある動作を引き起こすという〈動作の引き起こし〉の意味と、使役者のある実質的な働きかけによって、被使役者の通常の状態を別の状態に変化させるという〈変化の引き起こし〉の意味をそれぞれ意志動詞と無意志動詞が述語となる場合の「直接関与型使役表現」の基本的意味と位置付けた。

　こうした〈動作の引き起こし〉と〈変化の引き起こし〉という「関与型使役表現」の基本的意味は実際の会話の中では、話し手の捉え方によっては、さまざまな語用論的意味として使われている。意志動詞が述語となる「関与型使役表現」の12例についてのアンケート調査の結果から見ると、ただ単に使役者が被使役者に働きかけ、被使役者が自らの意志である行為を引き起こすという〈動作の引き起こし〉と捉えるよりも、〈動作の引き起こし〉プラス「迷惑」あるいは「利益」と捉える人が多く、また「使役者が被使役者にやらせた」のを「強制的」に捉える人は、「非強制的」に捉える人より多いことがわかる。こうした〈動作の引き起こし〉プラス「利益／迷惑」あるいは「強制的／非強制的」のプラスアルファの意味を本研究では使役表現の語用論的意味として位置付けた。

　このプラスアルファの語用論的意味は〈動作の引き起こし〉という「直接関与型使役表現」の基本的意味からの派生的意味として考えられる。また、その

プラスアルファの語用論的意味は、話し手は主に被使役者の心境をどのように捉えるかによるもので、文によってはその心境を表す言葉がコンテキスト中に与えられているときもある。だが、被使役者の気持ちや望みなどを表す言葉がコンテキスト中に与えられていないときは、使役者と被使役者との社会的な人間関係などの常識に基づいて「使役者が被使役者に何かをさせた」ことは被使役者にとって迷惑か利益、強制的か非強制的かを判断することがあることもわかった。

第5章　直接関与型使役表現の意味

　本章では日本語とアムド・チベット語の「直接関与型使役表現」の意味について論じる。前述の〈動作の引き起こし〉、〈変化の引き起こし〉という意味は、それぞれ意志動詞と無意志動詞が述語となる場合の「直接関与型使役表現」の基本的意味であり、この基本的意味は実際の会話中では話し手の捉え方によってさまざまな語用論的意味として使われている。以下では両言語の「直接関与型使役表現」の語用論的意味を、意志動詞と無意志動詞が述語になる場合に分けて論じる。

1．意志動詞が述語になる場合

　「先生が学生に絵をかかせた」のように意志動詞が述語になる場合は、基本的に「使役者」も「被使役者」も有情物であることを意味する。つまり、〈動作の引き起こし〉を表す「直接関与型」は、使役者がある目的を達成するために被使役者に働きかけ、その働きかけを受けた被使役者が自らの意志である行為を引き起こすという意味を表し、そのためには「使役者」と「被使役者」がともに有情物でなければその意味は成り立たない。この場合、有情物といっても「使役者」からの「被使役者」に対する働きかけは言葉によるものが多いため、人間以外の思考する能力や言葉を駆使する能力のない有情物が、使役表現の主語の位置に現れるには基本的に無理があると考えられる。しかし、実際には「犬が猫を走らせた」のように、人間以外の有情物が「使役者」と「被使役者」の位置に現れる場合もあるが、本研究ではこのような人間以外の動物が使役者になっていても、一括して「人間」あるいは「有情物」と呼ぶ。

1.1　両言語に共通する語用論的意味

　意志動詞が述語となる直接関与型使役表現は、基本的に使役者が被使役者に働きかけ、その働きかけを受けた被使役者が自らの意志である動作を引き起こ

すという意味を表す。ここでは意志動詞が述語となる「関与型使役表現」の12例についてのアンケート調査結果と対照し、また必要に応じてそれらの例文を再掲しながら両言語の使役表現の語用論的意味について論じる。

　本研究では使役者が被使役者に働きかける動機や目的のことを「使役者の心境」と呼び、その使役者の働きかけを受けたときの被使役者の思いや気持ちのことを「被使役者の心境」と呼ぶ。アンケート調査の「先生が学生に絵をかかせた」という例文で言えば、先生がなぜ学生に絵をかかせたかという「先生」の動機や目的は「使役者の心境」となり、その先生から働きかけを受けたときの学生の思いは「被使役者の心境」となる。以下ではこの二つの概念を用いながら、両言語の語用論的意味を論じる。

　〈動作の引き起こし〉というのは意志動詞が述語となる直接関与型使役表現の基本的意味であるが、実際の言語応用の中では、〈強制〉〈好意〉などの語用論的意味として使われている。それらの異なる語用論的意味は話し手の「使役者の心境」と「被使役者の心境」に対する捉え方によって変わってくる。その話し手の捉え方には次の三つのパターンがあると考えられる。

　　［１］話し手が「WがXに何かをさせる」ことを一つの事実として捉える場合
　　［２］話し手が「被使役者の心境」を前面化して捉える場合
　　［３］話し手が「被使役者の心境」を視野に入れながら「使役者の心境」を前面化して捉える場合

　言い換えれば、［１］は「WがXに何かをさせる」＋「ゼロ（何の付加的意味もない）」；［２］は［１］＋「被使役者の心境」を前面化する；［３］は［１］＋［２］＋「使役者の心境」を前面化するという関係になる。以下で各パターンが生み出す語用論的意味を論じる。

1.1.1　「WがXに何かをさせる」ことを一つの事実として捉える場合
〈１〉**誘発**

　アンケート調査でもわかるように日本語は、全体的には〈動作の引き起こしプラスアルファ〉と捉えるほうが〈動作の引き起こし〉と捉えることより多いが、「Wが働きかけてXに何かをさせた」ことは「X」にとって「迷惑と利益

のどちらともいえない」と答えた人は全体の36％占める。一方、強制的なニュアンスを感じないと答えた人は全体の46％も占めている。中でもｂの「先生が学生に絵をかかせた」の場合「迷惑と利益のどちらともいえない」と答えた人は70人で、全体の63％も占めている。「迷惑と利益のどちらともいえない」ということと「強制的なニュアンスを感じない」ということは、このタイプの使役表現の本来の〈動作の引き起こし〉という基本的意味通りに使っていることを示唆している。

　本研究では実際の言語応用の中でも〈動作の引き起こし〉の意味として使われている意味を、〈動作の引き起こし〉という基本的意味と区別して〈誘発〉と呼ぶ。ここでアンケート調査のａからｄのうちの「迷惑と利益のどちらともいえない」と回答された割合が最も多いｂを再掲して、〈誘発〉の意味が生み出される方法を考察する。

　　ｂ．先生が学生に絵をかかせた。

　この場合、「迷惑と利益のどちらともいえない」と答えたグループは、「先生」が学生に絵をかかせたのはなぜかという先生の動機にも関心を持たず、また、その先生の働きかけを受けたときの学生の気持ちにも関心を持たず、ただ単に、先生が働きかけて、学生が自らの意志で「絵をかく」行為を引き起こしたことを一つの事実として捉えている。言い換えれば、そのように答えたグループは「使役者の心境」に対しても「被使役者の心境」に対してもアプローチは一切遮断された上で、事実のみとして使役者が被使役者にある行為をやらせたと捉えたのである。これはｂのアムド・チベット語訳に当たる次の例文 b'でも同じことが言える。

　　b'．'ge 'gan geu lho ma a reu mo breu 'xeu zheug
　　　　先生　　geu 学生　　a　絵　　かく 'xeu zheug

　また、次の例文（１）も同じことが言える。使役者である「太郎」が被使役者である「次郎」に母が病気になっていないのに「母が病気になった」と非事

実を言うことによって、「次郎」は自らの意志で「帰国する」という動作を引き起こしたことを表すが、この場合も「太郎」がなぜ非事実を言ったか、また「太郎」から働きかけを受けたときの「次郎の心境」については言及されていない。この場合の「うそをつく」ことは使役者の働きかけの手段にしかすぎない。

（1）太郎が「母が病気になった」とうそをついて次郎を帰国させた。
　　　ta ro 'xeu a ma ku 'xo keu zi ni sho 'tam mi ji ro sheur ra gyo 'xeu zheug
　　　太郎 'xeu 母 病気になっているとうそをついて次郎　帰国する 'xeu zheug

したがって、この例文（1）も、ただ単に使役者が被使役者に働きかけてある行為を引き起こしたという〈誘発〉の意味となる。

（2）太郎が今回の宝くじは確率が高いと示唆し、今まで買ったこともない次郎に宝くじを買わせた。

この例文（2）は孫東周（2005）では〈説得〉に分類されているが、この場合もなぜ使役者が働きかけるかという「使役者の心境」も、その働きかけを受けたときの「被使役者の心境」も前面化しにくいため、これもまた、ただ単に「太郎」が次郎に「宝くじは確率が高いと示唆する」ことによって働きかけ、次郎が自らの意志で「宝くじを買う」という動作を引き起こしたことを表している。この場合の「示唆する」とはあくまでも働きかけの手段にしかすぎないため、ここでは〈誘発〉として考える。次のアムド・チベット語の例文（2'）も同じである。

（2'）a pa 'xeu beu Vong hong 'gyeu reu zi ni tsong geu zheug
　　　父　'xeu 冬虫夏草の値段　下がる　と言って　売る geu zheug
　　　父が冬虫夏草の値段が下がると言って売らせた。

第5章　直接関与型使役表現の意味

ここでも使役者である「父」が「冬虫夏草の値段が下がると言って」説得したのは「父」が「被使役者」に働きかける手段にすぎない。ところが、直接関与型使役表現には、次の例文（3）のように本来は人間の動作を表す意志動詞が述語になりながら、被使役者は人間ではなく機械である場合がある。

　　（3）彼はコンピューターに計算させた。
　　　　khi 'tsi khor ra 'tsi 'gyak keu zheug
　　　　彼 i コンピューター計算する keu zheug

　この場合、使役者である「彼」が被使役者である「コンピューター」に何らかの形で働きかけ、その働きかけを受けた「コンピューター」が自動的に「計算する」という〈誘発〉の意味を表す。この場合、被使役者が機械で、被使役者に「心境」はありえないため、「被使役者の心境」を前面化することができなければ、「被使役者の心境」を視野に入れながら「使役者の心境」を前面化することもできない。したがって意志動詞が述語となる使役表現で、被使役者が機械である場合は〈誘発〉以外の意味を表せないことがわかる。

1.1.2　話し手が「被使役者の心境」を前面化して捉える場合
　アンケート調査によれば、「迷惑」、「利益」という回答が最も多かったのは次のeとfの場合であり、それぞれ110人（98％）と106人（95％）である。

　　e．太郎は飲みたがっていない次郎に酒を飲ませた。
　　f．太郎は飲みたがっている次郎に酒を飲ませた。

　この二つの例文は被使役者である「次郎」に関わる修飾語以外は同じ言葉が使われているため、回答結果の違いはその「次郎」の心境を表す修飾語の違いから出ているのが明らかである。さらに、話し手が「次郎」の心境に対する捉え方によって語用論的意味の違いを生み出したのだと考えられる。その「次郎」の心境をどう捉えるかということは、「次郎の心境」を前面化している意

味にもなる。

　同じく話し手が「被使役者の心境」を前面化しているにも関わらず、eの場合ほぼ回答者全員が「迷惑」だと答え、fの場合ほぼ回答者全員が「利益」だと答えている。それは、話し手が「被使役者の心境」を前面化した上での「被使役者の心境」の捉え方によるものであり、eの場合は「飲みたがっていない」、fの場合は「飲みたがっている」という「次郎の心境」をはっきり表す修飾語が与えられているからだと考えられる。

　使役者が被使役者にある行為をさせるとは、使役者が被使役者にある行為をするように要求するという言い方に置き換えることもできる。eとfでわかるように「被使役者の心境」の捉え方には二通りあり、その使役者の要求はeのように被使役者の望みに反する場合と、fのように被使役者の望みや気持ちに沿う場合である。

　したがって、使役者が被使役者の望みや気持ちに反することをやらせることは、被使役者にとって「迷惑」で強制的でもあり、逆に使役者が被使役者の望みや気持ちに沿うことをやらせることは、被使役者にとって「利益」で非強制的であるという結論となる。それを使役者が被使役者に何をもたらしたかという利害授受の観点から言えば、佐藤里美（1986）の「迷惑付与」と「利益付与」になるだろう。

〈2〉強制

　本研究では、話し手が「被使役者の心境」を前面化し、使役者が被使役者にある行為をさせることが被使役者の望みや気持ちに反するものであり、そのような心境を持つ被使役者があることを理由に、止むを得ず使役者の要求どおりにある行為をするという意味を〈強制〉と呼ぶ。

　アンケート調査eで言うと、使役者である「太郎」が「次郎」に指示などの手段で働きかけ、その働きかけを受けた「次郎」は「酒を飲みたがっていない」にも関わらず、何らかの理由で止むを得ず使役者の要求どおりに行為をするという意味を指す。この意味を表す使役表現は、使役者が何らかの形で働きかけて被使役者のやりたくないことを、その被使役者に強制的にやらせることを表すため、常に強制のニュアンスが伴う。また、使役者と被使役者に強制で

きるような立場にいることを前提とする。
　一般的には次の例文（4）のようにその関係は「将軍」と「兵士」、「親」と「息子」のように統制と被統制の関係にあることが多い。「雨の中を走りたくない」という「被使役者の心境」を表す言葉がコンテキストに与えられているため、聞き手の関心の焦点も「被使役者の心境」に移しやすくなり、支配的な立場にいる「将軍」の「命令」による働きかけを受けた「兵士たち」は雨の中を走りたくなくても止むを得ず「走る」動作を引き起こしたことを表す。

　　（4）将軍が命令して、兵士たちを雨の中を走らせた。
　　　　　　mak Von geu ka hap i mak cho 'nam nang nga 'gyeug keu zheug
　　　　　　将軍　　　geu 命令下して 兵士たち　雨の中 nga 走る　　keu zheug

　この場合の使役者の働きかけの手段は言葉による「指令」であり、その命令によって被使役者の望みや気持ちに反することをやらせたことを表す。アンケート調査の例文 b は、「先生が学生に絵をかかせた」のは「学生」にとって「強制的」であると感じると答えた人が79人で全体の71％にも上るが、このように感じた人たちは恐らく使役者の働きかけの手段に言及されてなくても言葉による「指令」と捉えられたのだろう。使役者の働きかけの手段に言及されていないのに「指令」と捉えるのは〈強制〉だけではなく、〈誘発〉なども同じことが言える。ところが〈強制〉の手段はほかにもある。

　　j．母は息子に何度もお願いして学校に行かせた。

　この例文 j は、一見〈強制〉ではないようにみえるが、アンケート調査では〈強制〉のニュアンスと感じた人が95人で全体の85％を占めている。本来ならば「お願いする」ということは非強制であることを意味するが、この場合「息子の心境」を前面化して、「学校に行かせる」ことは息子の望みや気持ちに反すると捉えられているからその結果になったと考えられる。したがってここでの「お願いする」ことも強制の手段であることがわかる。次のアムド・チベット語の例文 j' も同じことが言える。

j'. a ma 'xeu sheu le sho yi ni hlop tra gyo 'xeu zheng
       母　'xeu 息子　お願いして 学校 行く 'xeu zheng

　上の例文（4）の〈命令する〉にしてもjの〈お願いする〉にしても強制の手段は言葉によるものであるが、その強制の手段には当然ながら次の例文（5）のように具体的な「動作」で示す場合もある。

　（5）父が息子の鼻をつまんで薬を飲ませた。
       a pa 'xeu sheu li 'na tseur ri 'man thong geu zheug tang ta
       父　'xeu 息子 の 鼻　つまんで　薬 飲む geu zheug（眼前過去）

　この場合、使役者である「父」が「鼻をつまむ」という具体的な「動作」を施して働きかけ、「息子」は止むを得ず「薬を飲む」という動作を引き起こした〈強制〉の意味を表している。また、次の例文（6）のように使役者が被使役者に対する強制の手段は動作と言葉が交じった「言動」である場合もある。

　（6）娘が駄々をこねて母におもちゃを買わせた。
       sheu mo 'xeu 'cer lang yi ni a ma a 'tse 'kyat nyo 'xeu zheug
       娘　'xeu 駄々をこねて　母　a おもちゃ 買う 'xeu zheug

　この場合も、話し手が「被使役者の心境」を前面化して使役者が被使役者に被使役者の望みや気持ちに反することを強制的にやらせたと捉え、〈強制〉の意味を表しているが、使役者の働きかけの手段は動作と言葉が交じった「言動」である。通常、「娘」と「母」とでは「母」が支配的な立場にいるように思いがちであるが、この場合「娘」が「母」の情を利用して「駄々をこねて」お金を使いたくない「母におもちゃを買わせた」を表しているため、「娘」のほうが支配的な立場にいることがわかる。

〈3〉好意

　話し手が「被使役者の心境」を前面化して捉える場合もう一つの語用論的意味が考えられる。それは「被使役者の心境」を、使役者の働きかけが被使役者の望みや気持ちに沿うと捉える場合である。話し手が「被使役者の心境」を前面化して捉え、使役者が被使役者にある行為をさせることは被使役者の望みや気持ちに沿うものであり、そのような心境を持つ被使役者が使役者に要求されたある行為を引き起こすという意味を〈好意〉と呼ぶ。

　　f．太郎は飲みたがっている次郎に酒を飲ませた。

　この例文 f は、聞き手が「被使役者の心境」を前面化して、使役者の働きかけは被使役者の望みや気持ちに沿うこととして捉えられているため、「利益」だと答えた人は106人（95％）である。ここではこのfの場合の語用論的意味を〈好意〉と解釈する。利益付与の手段としては被使役者の望みが叶うように使役者がある条件を作ることなどが考えられる。このfにおいて言えば、「太郎」の利益付与の手段は、「次郎」に飲ませるため酒を購入する、または注文する、勧めることなど「次郎」の望みが叶うようにある条件や環境を作ることである。
　次の例文（7）も同じことが言える。つまり、被使役者である「妹」に新しい部屋に住みたいという望みがあり、「兄」は何らかの方法で「妹」のその望みを叶わせるという〈好意〉の意味を表している。

　　（7）兄が妹を新しい部屋に住まわせた。
　　　　a keu 'xeu rang geu hrang mo khong　nga so meu nang nga deug keu zheug
　　　　兄　'xeu 自分の　妹　部屋　　　　新しい　　中　に　いる keu zheug

　この場合働きかけの手段としては「兄」が新しい部屋を買うか借りるかして、「妹」の望みが叶うようにある条件を作ることである。被使役者の望みが

実現できるようなある行為をするということは、利害授受の観点から言えば使役者から被使役者に対する佐藤里美（1986）の「利益付与」となる。

1.1.3 話し手が「被使役者の心境」を視野に入れながら「使役者の心境」を前面化して捉える場合
〈4〉意地悪

　上の例文（4）から（6）は〈強制〉の意味を表しており、使役者が被使役者に何をもたらしたかという利害授受の観点から言えば、いずれも「迷惑付与」である。

　話し手が「使役者の心境」を前面化し、使役者が被使役者にあることをやらせると被使役者に迷惑をもたらすことを知りながら、意図的にそのような迷惑なことをやらせたと捉える場合、使役者が意図的に意地悪をしたというニュアンスが強くなる。佐藤里美（1986）では「意図的迷惑付与」に当たる。ここでは話し手が「使役者の心境」を前面化し、使役者が意図的に被使役者の望みや気持ちに反することをやらせたと捉える場合の意味を〈**意地悪**〉と呼ぶ。この場合、使役者が被使役者にあることをやらせるのは被使役者にとって望みや気持ちに反するという「被使役者の心境」を視野に入れながら、「使役者の心境」をさらに前面化している。上の例文（4）に次のように「意図的に（zi ni）」という意図性をはっきりさせる副詞を加えるとさらに〈意地悪〉の意味に捉えやすくなる。

　　（4'）将軍は意図的に兵士たちを雨の中を走らせた。
　　　　　mak Von geu mak cho zi ni 'nam nang nga 'gyeug keu zheug
　　　　　将軍　　　geu 兵士たち 意図的に 雨の中 nga 走る　　keu zheug

　この例文（4'）で言えば、「将軍」は雨の中を走らせたら兵士たちに迷惑をもたらすことを知りながら、意図的に兵士たちを雨の中を走らせたことを表す。このように話し手が使役者の働きかけを被使役者の望みや気持ちに反すると捉えた上、さらに「使役者の心境」を前面化し、使役者が意図的に被使役者の望みや気持ちに反することをやらせて迷惑を与えたことを表す。また、次の

例文（8）も同じように解釈できる。

  （8）太郎は次郎が酒嫌いであることを知りながら酒を飲ませた。
       ta ro 'xeu ji ro cang nga meu 'ga no xi zheun na chang tong geu zheug
       太郎 'xeu 次郎が酒嫌いであることを知りながら　酒　飲む geu zheug

　この例文（8）でもわかるように〈意地悪〉は、使役者が被使役者に働きかける目的は被使役者に迷惑を与えることである。使役者が働きかけて被使役者にあることをやらせるということは、使役者が被使役者にあることをするように要求することでもあるが、この例文（8）は、話し手は使役者が被使役者に意図的に迷惑を与えるという「使役者の心境」を前面化し、使役者が被使役者にあることをするように要求することは、被使役者の望みや気持ちに反することを知りながら意図的に被使役者にそのようなことをやらせるという意味を表す。すなわち、被使役者による動作の実現は、被使役者にとって望ましくない迷惑であり、それは使役者が承知しながら、意図的にそのような動作を行うように要求するという〈意地悪〉の意味を表している。

〈5〉　**思いやり**
　上の〈意地悪〉と同じように、話し手が「使役者の心境」を前面化し、使役者が被使役者にあることをやらせると被使役者に利益をもたらすことを知りながら、意図的に利益を与えると捉えると思いやりのニュアンスが強くなる。佐藤里美（1986）は「意図的利益付与」と呼んでいる。ここでは話し手が「使役者の心境」を前面化し、使役者が意図的に被使役者の望みや気持ちに沿うことをやらせたと捉える場合の意味を〈**思いやり**〉と呼ぶ。
　この場合も話し手が「被使役者の心境」を視野に入れながら「使役者の心境」を前面化しているが、〈意地悪〉と異なるのは「使役者の心境」の捉え方である。〈意地悪〉は、使役者が被使役者にあることをやらせるのは被使役者にとって迷惑であると知りながら意図的にやらせたことを表すが、〈思いやり〉

はそれとは逆に、使役者が被使役者にあることをやらせるのは被使役者にとって利益になるものであると知りながら意図的にある条件や環境を作ることを表す。なお、この〈思いやり〉を表すには次の例文（9）のように被使役者が困難や不利な立場に立たされていることが多い。

 （9）母はお腹が空いて死にそうな彼にパンを食べさせた。
   a mi 'tok Vi xeu la yet ko no 'xeu kheu 'ge ko re 'sa 'xeu zheug
   母　i　お腹が空いて死にそうな　　　彼　パン　食べる　　　'xeu zheug

つまり、「お腹が空いて死にそうな」困難や不利な立場にある「彼」にパンをあげたことは当然ながら「彼」にとって「利益」となるが、なぜ使役者が「利益付与」をしたかという「使役者の心境」を前面化して、それは困難な立場にいる「彼」を救うためであるからと捉える場合〈思いやり〉のニュアンスが強くなり、文全体は使役者が意図的に被使役者の望みや気持ちに沿うことをやらせたという〈思いやり〉の意味になる。

 （10）伊庭は、教主のそばに立って、信者たちに一礼すると、「おらくに…」といって、信者たちを板の間へ座らせた。〈佐・浮〉

この例文（10）は、使役者が「おらくに…」といって信者たちを座らせたことを表すが、話し手は「信者たちの心境」を「座りたい」ものとして捉えているから、信者たちにとって「利益」となり〈好意〉の意味になる。しかし、この場合「信者たち」が困難な立場にいるとは言えないため、〈思いやり〉の意味になりにくい。したがって、〈思いやり〉の意味になるためには上の例文（9）のように被使役者が困難や不利な立場にいることが前提となる。
 なお、日本語は〈思いやり〉を表すには、次の例文（9'）のように使役表現の後ろに「～てあげる」を付けることが多いが、これについては両言語の相違点を論じるとき述べる。

 （9'）母がお腹が空いて死にそうな彼にパンを食べさせてあげた。

〈6〉不本意

　使役者が被使役者にあることをやらせたのは事実であるが、それは使役者本来の意図によるものではないことを表す語用論的意味を〈不本意〉と呼ぶ。この場合も〈意地悪〉と〈思いやり〉の場合と同じように話し手が「使役者の心境」を前面化している点が共通している。

　　(11) ソフトドリンクと間違えて太郎は次郎に酒を飲ませた。
　　　　 kom che cheug 'xi ta ro 'xeu ji ro chang tong geu zheug
　　　　 飲料　と　間違って太郎 'xeu 次郎 酒　飲む　　geu zheug

　この例文 (11) は、「太郎は次郎に酒を飲ませた」ことは結果的に「次郎」にとって迷惑かもしれないが、使役者が被使役者に働きかける目的は「迷惑付与」のためではないことを表す。言い換えれば、「太郎」が「次郎」にあることをやらせて「迷惑付与」したことは事実であるが、そのような結果を招いたのは使役者の意図によるものではないという〈不本意〉の意味を表す。また、次の例文 (12) は、使役者が被使役者である「犬」に何かを食べさせて、結果的にその「犬」に利益を与えてしまったが、それは使役者本来の目的によるものではないという〈不本意〉の意味を表す。

　　(12) 猫にあげるつもりで、犬に食べさせてしまった。
　　　　 lu a 'ter gyi zi ni kyhe 'sa 'xeu zheug tang ta
　　　　 猫 a あげるつもりで犬に食べる 'xeu zheug（過去）

　この例文 (11) と (12) は、使役者の働きかけによってあることを引き起こし、結果的に被使役者に「迷惑」あるいは「利益」をもたらしたことは事実であるが、それは使役者本来の意図によるものではないことを表している。しかし、次の例文 (13) は、使役者は被使役者にあることをやらせるのは結果的に被使役者に「迷惑」あるいは「利益」（この例文の場合迷惑）をもたらすことを承知した上で意図的に被使役者にあることをやらせたが、それは使役者本来の意

図によるものではなく、ある事情によってそうやらせざるを得なかったことを表している。

(13) 両親が止むを得ず子供を退学させた。
　　　ha ma nyeu 'xa thap me la sha yi lhop tra ni beut keu zheug
　　　両親　　仕方がなく　　子供　学校　から　出る　　keu zheug

つまり、この例文（13）は「両親」が意図的に「子供を退学させた」ことは事実であるが、それは経済的な理由などある事情によるもので「両親」の本来の動機によるものではなく、本来なら「子供を退学させたくない」が、止むを得ず「子供を退学させた」ことを表す。このように使役者が意図的に被使役者にあることをやらせたのだが、それは使役者の本来の意図によるものではないことを表す〈不本意〉に分類する。孫東周（2005）では〈不注意〉の意味に分類されている次の例文（14）も同じことである。

(14) お雪は誰にも見せたことのない裸身を、よりにもよって仇敵の次郎の目の前にさらし、大小便の世話までさせたというその屈辱に、舌を噛んで死にたい気持ちだった。

つまり、被使役者である「お雪」は「次郎」に自分の大小便の世話までさせるつもりはないが、ある理由（ここでは身動きできないこと）で止むを得ずそのようにさせたという〈不本意〉の意味を表す。

1.1.4　本節のまとめ

本節では日本語とアムド・チベット語の意志動詞が述語となる直接関与型使役表現に共通する語用論的意味の分類を試みた。〈動作の引き起こし〉は意志動詞が述語となる直接関与型使役表現の基本的意味であるが、実際の言語応用の中ではさまざまな語用論的意味として使われている。使役者が被使役者に働きかけ、その働きかけを受けた被使役者が自らの意志である行為をするという基本的意味通りに使われている語用論的意味を〈動作の引き起こし〉と区別し

て〈誘発〉と呼んだ。この場合、話し手が「WがXに何かをさせる」ことを一つの事実として捉えており、使役者の働きかけ方には非事実を言う場合や説得する場合などがあるが、話し手が「被使役者の心境」などに関心をもって前面化していない点では共通している。被使役者が人間ではなく機械である場合の意味も〈誘発〉の意味に分類した。

　話し手が「被使役者の心境」を前面化し、使役者が被使役者にある行為をさせることは被使役者の望みや気持ちに反するものであり、そのような心境を持つ被使役者があることを理由に止むを得ず使役者の要求どおりにある行為をするという意味を〈強制〉と呼び、働きかけの手段はほとんどの場合は「命令」などであるが、「動作」である場合と、動作と言葉が交じった「言動」である場合もある。これは使役者が被使役者に何をもたらしたかという利害授受の観点から言えば、「迷惑付与」であるが、話し手が使役者の働きかけを被使役者の望みや気持ちに反すると捉えた上、さらに「使役者の心境」を前面化して、使役者が意図的に被使役者の望みや気持ちに反することをやらせて迷惑を与えたと捉える場合は〈意地悪〉の意味になる。

　この〈強制〉と同様に話し手が「被使役者の心境」を前面化し、使役者が被使役者にある行為をさせることは被使役者の望みや気持ちに沿うものであり、そのような心境を持つ被使役者が使役者に要求されたある行為を引き起こすという意味を〈好意〉と呼んだ。被使役者の望みが実現できるようなある行為をするということは、利害授受の観点から言えば使役者から被使役者に対する「利益付与」となるが、使役者がなぜ被使役者に利益を与えるかという「使役者の心境」を前面化するときには〈思いやり〉の意味になる。「使役者の心境」を前面化し、使役者が被使役者にあることをやらせたのは事実であるが、それは使役者本来の意図によるものではないことを表す語用論的意味が〈不本意〉の意味になる。

　本研究ではこれらの語用論的意味のうち〈動作の引き起こし〉の基本的意味に当たる〈誘発〉は直接関与型使役表現の核心的意味として位置付け、〈強制〉と〈好意〉はその核心的意味を軸にした中心的意味として、さらに〈意地悪〉、〈思いやり〉、〈不本意〉はその中心的意味から派生した周辺的意味として位置付けた。その関係を図で表すと次のようになる。

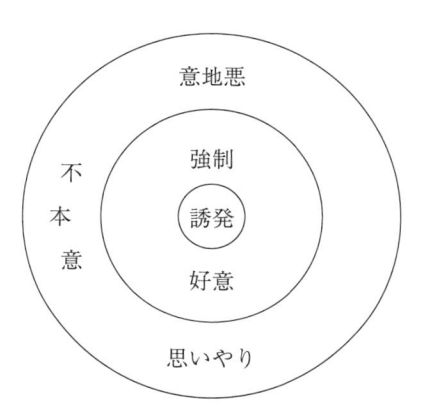

```
              意地悪
        ┌─────────────────┐
      不 │      強制       │
        │    ┌─────┐      │
      本 │    │誘発 │      │
        │    └─────┘      │
      意 │      好意       │
        └─────────────────┘
              思いやり
```

　これらの両言語における使役表現の語用論的意味やその意味を生み出すには話し手が「使役者」と「被使役者」のいずれの「心境」を前面化し、その「心境」をどのように捉えるか、また、使役者が被使役者に対する働きかけにはどのような手段を使用したかをまとめると次の〈表-1〉のようになる。

〈表-1〉

意味	使役者	被使役者	利害性	働きかけの手段
誘発	×	×	利害性が含意されない	指令、非事実を言う、説得するなどの言葉
強制	×	○	迷惑付与	指令やお願いなど言語または動作、言動
好意	×	○	利益付与	ある条件や環境を作ること
意地悪	◎		意図的迷惑付与	言葉と動作による強制
思いやり	◎		意図的利益付与	ある条件や環境を作ること
不本意	◎	×/○	含意される場合とされない場合がある	言葉と動作

（この表にある×は該当するものの「心境」に関心を持たないことを、○は該当するものの「心境」を前面化することを、◎は「使役者の心境」を視野に入れながら該当するものの「心境」を前面化していること示す。）

1.2　両言語の語用論的意味における相違点

　以上で述べたように、使役者が被使役者に働きかけ、その働きかけを受けた被使役者が自らの意志である行為を引き起こすという〈動作の引き起こし〉の意味は、意志動詞が述語となる「関与型使役表現」の基本的意味である。この基本的意味は、実際の言語活動の中では、話し手（あるいは聞き手）による「使役者の心境」と「被使役者の心境」の捉え方によって〈誘発〉、〈強制〉、〈好意〉、〈意地悪〉、〈思いやり〉、〈不本意〉などの語用論的意味として使われている。こうした基本的な点では両言語が共通しているものの、以下のような相違点もみられる。ここでは両言語の意志動詞が述語となる直接関与型使役表現の語用論的意味における相違点を四つの部分に分けて論じることにする。

1.2.1　表現上の社会的な制約の違い

　意志動詞が述語となる直接関与型使役表現の〈動作の引き起こし〉という基本的意味は、実際の会話の中ではどのように捉えられているかについて、アンケート調査の中から必須項だけでできている次の6つの例文をピックアップし、その結果をみる。

　　［1］太郎は次郎に酒を飲ませた。
　　［2］太郎は次郎に絵をかかせた。
　　［3］先生が学生に絵をかかせた。
　　［4］太郎は次郎を駅まで行かせた。
　　［5］太郎は次郎に駅まで行かせた。
　　［6］お母さんが純子さんに食事の支度を手伝わせた。

　まず「WがXに何かをさせた」ことはXにとって迷惑と利益の「どちらとも言えない」と答えた回答者は259人（39%）で、「迷惑」あるいは「利益」と答えた回答者は413人（61%）である。また、「WがXに強制的にやらせた」と「感じる」と答えた回答者は592人（88%）で、「感じない」と答えた回答者は80人（12%）である。本来なら使役者や被使役者の心境がコンテキストに与えら

れておらず、必須項だけでできている使役表現なら〈動作の引き起こし〉という基本的意味のみを表すべきであるが、日本語ネイティブスピーカーは単純な〈動作の引き起こし〉より〈動作の引き起こしプラスアルファ〉という何らかの色を付けて捉えるほうが圧倒的に多い。

　一方、アムド・チベット語ネイティブスピーカー大学生31人に「先生が学生に絵をかかせた」という例文について日本語の場合と同じように「先生が学生に絵をかかせた」ことは「学生」にとっては「迷惑」だと思うかと質問したところ、29人が「いいえ」と答え、また「先生」が「学生」に強制的に「絵をかかせた」と思うかの質問に30人が「いいえ」と答えた。この調査結果でわかるのはアムド・チベット語は、〈強制〉などを示す言葉がコンテキストに与えられておらず、必須項だけでできている使役表現は〈動作の引き起こし〉という基本的意味として捉えられている。この点、日本語では〈動作の引き起こし〉と捉えられるよりも、〈動作の引き起こし〉プラスアルファの意味に捉えられるのが圧倒的に多いこととは対照的である。

　さらに、日本語ネイティブスピーカーの回答で、〈動作の引き起こしプラスアルファ〉として捉えられている中でも「迷惑」と答えた人は最も多く、357人もいるのに対し、「利益」と答えた人はわずか56人で、6：1の結果となっている。つまり、日本語の必須項だけでできている使役表現は、使役者が被使役者に「迷惑付与」と捉え、「利益付与」と捉えることは非常に少ないということである。本研究での語用論的意味分類の用語で言えば、日本語は、〈好意〉に捉えるより〈強制〉と捉えやすく、また〈思いやり〉よりも〈意地悪〉に捉えやすい傾向が強いということである。なぜそのような傾向があるのだろうか。

　日本語は「スル」より「ナル」の表現を好むことで知られている。つまり、日本語は「私は来月結婚する」より「私は来月結婚することになる」を用い、来月結婚することは自分の意志で決定するものであるにも関わらず、あたかも自然に来月結婚するという流れになると表現するのを好む言語である。このように話し手の意図性が前面に出るのを控え目にすることを美徳とする言語では、使役者の意図性の強い「誰かが誰かに何かをさせる」という使役表現を使うと、その強烈な意図性が前面に出やすく、使役表現の使役性も強制に捉えや

すくなるのは当然なことである。使役者が被使役者に強制的にあることをやらせると捉えた以上、被使役者にとって「迷惑」であると捉えるのは当然のことであり、逆に「利益」に捉えにくいことも当然であると考えられる。

一方、アムド・チベット語は「スル」の表現を好まないというよりも「ナル」の表現はほとんど使わない。仮に「私は来月結婚することになる」のように言ったとしても、日本語とは違う「私は本来結婚したくないが止むを得ず来月結婚することになる」という意味になる。したがって「スル」の表現に対する日本語のようなタブー感もなくなり、次の例文（15）のような表現も可能となる。

(15) lho ma kan geu 'ge gan na yi 'xi dreu 'xeu zheug
　　 学生　　 あの　先生　　 推薦状　書く 'xeu zheug
　 直訳：あの学生は先生に推薦状を書かせた。

この例文（15）は、目上の人を被使役者に据えている。目下が目上に使役できるということは、使役者が働きかけて被使役者にある動作をやらせるという使役性があるものの、その使役性が〈強制〉によるものではないことを示唆している。つまり、一般的には目下が目上に強制できないからである。この例文（15）も「学生は先生に推薦状を書かせた」ときの学生の働きかけ方は〈強制〉によるものではなく、むしろ「お願い」によるものであることがわかる。したがって、アムド・チベット語の必須項だけでできている使役表現は、〈強制〉などを表す言葉がコンテキストに与えられていない限り、日本語とは違って〈強制〉などの意味に捉えにくく、実際の言語応用の中では〈動作の引き起こし〉という基本的意味として使われることが多い。

1.2.2 迷惑付与と迷惑受領における違い

上で述べた必須項だけでできている使役表現は、日本語の場合〈動作の引き起こし〉プラスアルファの意味に捉えられる傾向が強く、アムド・チベット語の場合〈動作の引き起こし〉の意味として捉えられるほうがより一般的であり、両言語とも〈強制〉などを表す言葉がコンテキストに与えられていれば

〈強制〉や〈好意〉などの語用論的意味になり、利害性を生み出すことについてはすでに述べた。以下で利害授受の方向性を中心に両言語の相違点を論じる。

　話し手が「被使役者の心境」を前面化するか、またはその「被使役者の心境」を視野に入れながら「使役者の心境」を前面化すると、〈強制〉や〈意地悪〉などの語用論的意味になることがある。それを使役者が被使役者に何をもたらすかという利害の方向性から言えば「迷惑付与」である。

　　（16）将軍は兵士たちを雨の中を走らせた。
　　　　mak Von geu mak cho 'nam nang nga 'gyeug keu zheug
　　　　将軍　　 geu　兵士たち　雨の中　　nga　走る　 keu zheug

　この例文（16）は〈強制〉と〈意地悪〉の二通りの語用論的意味に解釈できる。つまり、話し手が「被使役者の心境」のみを前面化し、「雨の中を走りたくない兵士たち」を強制的に走らせたという〈強制〉の意味に捉えることができれば、「雨の中を走りたくない」という「兵士たちの心境」を視野に入れながら、「使役者の心境」を前面化し、使役者が意図的に「兵士たち」の望みや気持ちに反することをやらせたという〈意地悪〉の意味にも捉えることができる。しかし、いずれの場合も共通しているのは「迷惑付与」の方向性は使役者から被使役者へ向かっている点である。ところが、日本語には次の例文（17）のような使役表現をさらに受動化した「使役受身」がある。

　　（17）私は子供のころ継母によく腐った料理を食べさせられた。

　これも利害授受の方向から言えば、使役者である「継母」が被使役者である「私」に「腐った料理を食べさせ」て迷惑を与えたことを表しているから例文（16）と同じように「迷惑」の方向は使役者から被使役者に向かっている。しかし、例文（16）は使役者が主語の位置にあるが、例文（17）は被使役者が主語の位置にあるという点では異なる。この例文（17）は例文（16）の「迷惑付与」とは違って、被使役者である「私」が主語の位置に現れて被害者の立場を

取り、使役者から迷惑を受けているように表現されているが、それは決して使役態の「〜させる」だけの機能ではなく、迷惑受身を表す「〜られる」の機能が関わっていることによるものだと思われる。ここでは話し手が被使役者の立場を取り、使役者が被使役者にもたらした「迷惑」、あたかも被使役者が「迷惑」を受けているように表現されているのを「迷惑付与」と対立させて「迷惑受領」と呼ぶ。

　言い換えれば、話し手が使役者の立場を取る場合「迷惑付与」で、被使役者の立場を取る場合「迷惑受領」となるが、その「迷惑」は使役者から被使役者に向かっているという点では共通している。ところが、論理的には話し手が被使役者の立場を取るには次のような表現も考えられる。

　　(18) ??私に継母が腐った料理を食べさせた。
　　(19) ?継母が私に腐った料理を食べさせた。

　しかし、この二つの例文に対しては、一般の日本語ネイティブスピーカーは非文とまで言わないとしても多少違和感を感じるだろう。この二つの例文をアムド・チベット語に直訳する次のようになる。

　　(18') nga a ma 'yar geu 'sa ma ru a 'sa 'xeu zheug
　　　　　私　a　継母　　geu　料理　腐ったもの　食べる　'xeu zheug
　　(19') ma 'yar geu nga a 'sa ma ru a 'sa 'xeu zheug
　　　　　継母　　geu　私　a　料理　腐ったもの　食べる　'xeu zheug

　いずれもアムド・チベット語ネイティブスピーカーにとっては自然な文になる。したがって、ここで言えるのは日本語は、「迷惑受領」を表すには使役受身を使うほうが一般的であり、一般の使役表現では表すことができないということである。それとは逆にアムド・チベット語は受身を表す日本語の「〜られる」のような形態がないため、例文（18'）のように被使役者を主語の位置に据えて、また例文（19'）のように話し手自身が被使役者の位置に据えても同じように「迷惑受領」を表すことができる。言い換えれば、アムド・チベット

語の「geu zheug」などは日本語の「～させる」に対応すると同時に「～させられる」にも対応するという言い方もできる。

1.2.3 利益付与と利益受領における違い

話し手が「被使役者の心境」を前面化するとき、あるいはその「被使役者の心境」を視野に入れながら「使役者の心境」を前面化するとき、〈強制〉や〈意地悪〉のほかに〈好意〉や〈思いやり〉という語用論的意味も表す。それを使役者が被使役者に何をもたらすかという利害の方向性から言えば「利益付与」になる。上の〈好意〉を表す例文（7）の「兄が妹を新しい部屋に住まわせた」で言えば、その「利益」は使役者である「兄」から被使役者である「妹」に向かっている。

話し手が困難や不利な立場にいる「使役者の心境」を前面化し、使役者が意図的に「利益付与」した場合は〈思いやり〉の意味になる。こうした意図的な「利益付与」を表すには日本語では次の例文（20）のように使役文の後ろに「～てあげる」を付けることで表すことができる

(20) 母がお腹が空いて死にそうな彼にパンを食べさせてあげた。

また、話し手が被使役者の立場を取り、被使役者が使役者から利益を受けたという「利益受領」を表すには、次のように使役文の後ろに「～てくれる」を付けることで被使役者が利益の受け手であることを表す。

(21) 兄は私を新しい家に住まわせてくれました。

一方、アムド・チベット語は、恩恵の授与を表す「～てあげる」のような形式も、恩恵の受領を表す「～てくれる」のような形式もないため、意図的な利益付与を表す場合も、話し手が被使役者の立場を取って「利益受領」を表す場合も次のように「keu jeug」などの使役態だけで文を終わらせる。

(20') a ma 'xeu 'tok Vi xeu la yed ko no geu kheu 'ge ko re 'sa 'xeu zheug
　　　母　'xeu お腹が空いて死にそうな　　彼 パン 食べる 'xeu zheug

(21') a ke 'xeu nga khong nga so meu nang　nga deug keu zheug
　　　兄　'xeu 私　部屋　新しい　中　　　nga 住む　keu zheug

したがって、チベット語の「keu jeug」は日本語の「〜させる」に対応すると同時に、「〜させてあげる」にも「〜させてくれる」にも対応している。

また、こうした「利益付与」は両言語に違いがある。日本語は次の例文(22)のように使役者を目下にして被使役者を目上にすると文の許容度が落ちる。

(22)？私が先生にご飯を食べさせてあげた。

現実的には「目下が目上に利益を与える」ことはありえることだが、日本語ではそれをそのまま露骨に表現するのは好まず、次の例文(22')のようにあたかも目下が目上から利益をもらっているように表現するのが一般的である。

(22') 私は先生にご飯を食べてもらった。

つまり、日本語では「目下が目上に利益を与える」ことを使役表現で表すのは文法的には問題ないものの、語用論的に使わないという傾向がある。一方、アムド・チベット語は使役者が目下で被使役者が目上であっても、次の例文(22")のように自然な文となる。

(22") ngi 'ge 'gen na 'sa ma 'sa　geu zheug
　　　私i 先生　　na ご飯 食べる geu zheug

しかも次の例文(23)のように、目上である被使役者の「食べる」という行

為に敬意を表して「召し上がる」という敬語を付けてさらに使役化しても文の自然さに変わりない。

(23) chot 'yok keu a keu cho ca zhi 'xeu zheug
　　　法要の世話係　　keu 僧侶たち 食事 召し上がる 'xeu zheug
　　　直訳：法要の世話係が僧侶たちに食事を召し上がらせた*1。

1.2.4　迷惑付与と利益逆戻りにおける違い

　上で述べた「利益付与」の場合でも「利益受領」の場合でも、その利益は使役者から被使役者側へ流れているという点では共通している。ここではもう一つ例文をみる。

(24) 太郎が次郎に自分の本を取りに行かせた。

　この例文（24）の中の「自分の本」とは「太郎」の所有とも、「次郎」の所有とも解釈できるが、ここでは使役者である「太郎」の所有として論じる。日本語は「太郎」が他人の本を取りに行きたくない「次郎」を取りに行かせたという〈強制〉の意味にしか解釈できない。つまり、話し手が「次郎の心境」を前面化しているため、利害授受の観点から言えば、明らかに「太郎」が「次郎」に迷惑をもたらすことを表す。
　しかし、事実関係から言うと「太郎」が自分の本を取りに「次郎」を行かせたのだから、「次郎」の立場に立ってみると確かに「迷惑」を受けているが、「太郎」の立場に立ってみると「利益」をもらっているのである。日本語ではこの文を〈強制〉の意味にしか解釈できないということは、この文は「次郎」の立場に立っての意味にしか読み取れないということである。「太郎」の立場に立っての意味を表現するには次の例文（24'）のように「〜てもらう」を使うしかない。

　＊1　例文（23）の場合の「zhi」は「'sa（食べる）やthong（飲む）」という動詞の敬語であり、ここでの「zhi'xeu zheug」を日本語に直訳すると「召し上がらせた」になる。

第 5 章　直接関与型使役表現の意味

(24') 太郎が次郎に自分の本を取りに行ってもらった。

　この場合「太郎が次郎に自分の本を取りに行ってもらった」ことは「太郎」にとって「利益」であることを表す。一方、アムド・チベット語の場合は次の例文（24"）のように同じ文を二通りの意味に解釈できる。

　　(24") ta ro 'xeu ji ro rang geu hwe cha len geu gyo 'xeu zheug
　　　　　太郎　'xeu 次郎　自分の　　　本　　取りに 行く 'xeu zheug

　つまり、被使役者である「次郎の心境」を前面化し、他人の本を取りに行きたくない「次郎」を「太郎」が強制的に取りに行かせた、という〈強制〉の意味にも解釈できれば、使役者である「太郎の心境」を前面化し「太郎」が自分の本を取るために「次郎」を行かせたという意味にも解釈できる。これを利害授受の観点から言えば、前者は使役者が被使役者に「迷惑」を与えていることを意味し、後者は使役者が被使役者から「利益」をもらっていることを表す。
　ここでは使役者が被使役者にあることをやらせて「利益」をもらうことを「利益逆戻り」と呼ぶ。また使役者が「利益逆戻り」のために被使役者にある行為をするようにお願いし、被使役者が自らの意志でそのとおりの行為をすることを〈依頼〉と呼ぶ。
　次の例文（25）も同じように〈依頼〉の意味を表すが、例文（24）とは違って目上の人を被使役者の位置に据えているため〈強制〉の意味には解釈できない。

　　(25) a yi 'xeu a lak Va shak mo zeug keu zheug
　　　　　祖母' xeu 活仏　Va 占いをなさる　 keu zheug
　　　　直訳：祖母が活仏に占いをなさせた（祖母が活仏に占ってもらった）。

　つまり、使役者である「a yi（祖母）」が被使役者である「a lak（活仏）」に「shak mo zeug（占いなさる）」という行為をするようにお願いし、「a lak（活

仏）」がそのとおりの行為をしたことを表す。「活仏」が「占う」という行為を行ったのは「祖母」のためであるから、利害授受の観点から言えば「利益」が被使役者から使役者に逆戻りをすることになる。こうした〈依頼〉の「利益逆戻り」と〈好意〉の「利益付与」は、使役表現の利害授受の方向性から言うと対照的である。

　次の例文（26）は、使役者の被使役者に対する働きかけは「お願いする」ということで〈依頼〉と似ているが、母が息子を学校に行くようにするのは使役者である母自身のためではなく、被使役者である息子のためである。つまりこの例文（26）には〈依頼〉の「利益逆戻り」性がないため、〈強制〉の意味しか表すことができない。

　　（26）母が息子に何回もお願いして学校に行かせた。
　　　　　a ma 'xeu shue le sho yi ni hlop tra gyo 'xeu zheug
　　　　　母　　geu 息子　お願する　　学校　行く　'xeu zheug

こうした〈依頼〉は使役者が「利益逆戻り」のために被使役者にあることをするようにお願いしているから、被使役者が目上である場合が多く、当然ながら例文（25）のように目上の「活仏」の動作に敬語を使いながら、さらに使役態を付けることも可能になる。

1.2.5 〈語彙的他動〉の意味を表す場合の違い

　日本語には、「着せる」、「脱がせる」、「見せる」、「聞かせる」、「合わせる」、「知らせる」のようないわゆる「使役動詞」が述語となる使役表現がある。まず次の例文をみる。

　　（27）a．母が赤ちゃんに服を着せた。
　　　　　b．母が娘に「早く着なさい」と言って服を着させた。
　　　　　c．母が娘に「服を着なさい」と言って服を着せた。

この例文（27）のaは、被使役者の位置にある「赤ちゃん」には自ら「服

を着る」能力がないため、「着せる」は使役者の位置にある「母」が「赤ちゃん」に対する直接的な動作である。赤ちゃんにも「服を着る」という動作がみられるものの、それは自らの意志による動作ではない。そのため、「赤ちゃんが服を着る」という出来事は「着せる」という「母」の動作と「着る」という「赤ちゃん」の動きから実現しているとも言える。

孫東周（2005）は「使役主体が動作主体である場合には使役形を取っていても使役というよりは「他動」の意味を表すと言えるだろう」と指摘し、このように動詞が使役の形を取っていても他動の意味を表す場合を「語彙的他動」と呼んでいる。ここでも同じ立場を取る。

この例文（27）のaは、使役者の位置にある「母」が自ら手を下して「赤ちゃんが服を着る」という出来事を実現させたことを表している。それに対し、例文（27）のbは、使役者である「母」が「早く着なさい」という言葉によって間接的に働きかけて「娘が服を着る」という出来事を実現させたことを表している。ここでは使役主体である「母」が「赤ちゃんが服を着る」と「娘が服を着る」という出来事に対する関わり方の違いをそれぞれ「直接働きかけ」と「間接働きかけ」と呼ぶ。したがって、この例文（27）のaとbで言えば、「着せる」は「直接働きかけ」を表し、「着させる」は「間接働きかけ」を表すこととなる。

ところが、この例文（27）のcも（27）のbと同様に「間接働きかけ」を表しているが、述語は「直接働きかけ」を表す（27）のaの「着せる」と同じ形をしている。したがって、ここで言えるのは、「着せる」には「直接働きかけ」を表す機能があると同時に「着させる」のような「間接働きかけ」を表す機能もあると言うことである。言い換えれば、日本語の「着せる」と「着させる」は同じように「間接働きかけ」を表す機能があることになるため、ここでは「言葉の揺れ」の問題として考える。

  （28）a．母が赤ちゃんの服を脱がせた。
     b．母が娘に「早く脱ぎなさい」といって脱がせた。

この例文（28）のaは「赤ちゃん」が自ら「服を脱ぐ」能力がないため、

「脱がせる」は「母」の動作であり「直接働きかけ」を表している。それに対して、(28) の b は「母」が「早く脱ぎなさい」と言って間接的に働きかけ、「娘に服を脱がせた」という「間接働きかけ」を表す。つまり、「脱がせる」も同じ形で「直接働きかけ」と「間接働きかけ」両方を表すことになる。

　ここでは一つ言えるのは、「着せる」と「脱がせる」のような「使役動詞」は「直接働きかけ」と「間接働きかけ」の両方を表す機能があるということである。したがって「直接働きかけ」の場合〈語彙的他動〉の意味を表し、「間接働きかけ」の場合〈動作の引き起こし〉の意味を表す。

　一方、アムド・チベット語は、使役者が自ら手を下して直接的にある動作をするという「直接働きかけ」を表すには次の例文 (27') の a の 'kon' のような他動詞を使い、使役者が間接的に働きかけて、被使役者にある動作をさせるという「間接働きかけ」を表すには次の例文 (27') の b のように「動詞＋使役態」を使うのが一般的である。

(27') a. a ma 'xeu sheu mo kon 'gyeu 'kon
　　　　母　'xeu　娘　　服　　'kon
　　 b. a ma 'xeu sheu mo kon 'gyeu kon geu zheug
　　　　母　'xeu　娘　　服　　着る　geu zheug

　こうした「他動詞」と「動詞＋使役態」の対応関係を持つものには他にも、「'teug ／ theug keu zheug（合わせる）」、「'ton ／ 'ta 'xeu zheuh（見せる）」、「heut ／ heut keu zheu（脱がせる）」などがある。

　次の例文 (29) と (30) はそれぞれ石川守 (1992) と孫東周 (2005) での例文であるが、いずれの文も「使役動詞」が述語になっているのではなく、一般的には他動詞とされる「飲む」という人間の行為を表す意志動詞が述語になっている。

(29) 赤ちゃんに乳を飲ませた。
(30) （身動きできない）お前に口移しで飲ませるのは〜。

しかし、この例文（29）と（30）の場合は「赤ちゃん」と「（身動きできない）お前」が被使役者になっているため、「飲む」という動作は被使役者だけの力で実現したとは思えない。少なくとも乳や水を口に運ぶまでは主語の位置にある人間の動作であるため、「直接働きかけ」にも捉えられる。
　こうした使役表現の意味は石川守（1992）が「補助・手伝い」と呼んでおり、孫東周（2005）は「使役動詞」が述語となる「語彙的他動」と区別して「強制1」と呼んでいるが、本研究では、被使役者の位置にある人間に自ら使役者に要求される動作を引き起こす能力がなく、使役者の「直接働きかけ」によって「飲む」のような動作を実現しているタイプの使役表現の意味を使役動詞からなる文と同視し、孫東周（2005）の用語を借用して〈語彙的他動〉の意味として考える。この二つの例文をアムド・チベット語に訳すと次のようになる。

(29') sha yi a neu ma 'leut
　　　赤ちゃん a 乳　'leut
(30') (ngi) kyo a cheu kha 'xeu 'leut
　　　（私）あなた a 水　口移しで 'leut

　ここでわかるように被使役者の位置にある人間に自ら使役者に要求されている動作を引き起こす能力がない場合、アムド・チベット語では「動詞＋使役態」の形ではなく「'leut」という他動詞を使うのが一般的である。
　以上をまとめると、「着せる」と「脱がせる」のような「使役動詞」が述語となる日本語の使役表現は、使役者の位置にある人間が自ら手を下して、「直接働きかけ」によって被使役者の位置にある人間のある動作を実現させるという〈語彙的他動〉を表すと同時に、使役者が指令などの「間接働きかけ」によって働きかけ、その働きかけを受けた被使役者が自らの意志で、ある動作をするという〈動作の引き起こし〉も表す。一方、アムド・チベット語は、使役者の位置にある人間が自ら手を下しての「直接働きかけ」の場合は「他動詞」を使い、使役者の「間接働きかけ」によって被使役者の位置にある人間のある動作を実現させるという〈動作の引き起こし〉の意味を表すのに「動詞＋使役態」の形を使う。

次のアムド・チベット語の例文（31'）のaとbは日本語の例文（31）に対応するものであり、その（31'）のaは〈語彙的他動〉を表し、bは〈動作の引き起こし〉を表すが、日本語は同じ「脱がせる」で両方を表す。

(31) 太郎が花子の服を脱がせた。
(31') a. ta ro 'xeu ha na kho 'xeu kon 'gyeu heut
　　　　　太郎 'xeu 花子　　の　　　服　heut
　　　b. ta ro 'xeu ha na kho 'xeu kon 'gyeu heut geu zheug
　　　　　太郎 'xeu 花子　　の　　　服　脱ぐ　geu zheug

この〈語彙的他動〉も〈動作の引き起こし〉も語用論的意味としては、次のように〈誘発〉、〈強制〉、〈好意〉、〈意地悪〉、〈思いやり〉、〈不本意〉を表せるという点では両言語が共通している。

つまり、「太郎が花子の服を脱がせた」ことを一つの事実として捉えると〈誘発〉、「花子の心境」を前面化し、「服を脱ぐ」という動作を実現したことは花子にとって恥ずかしい思いなどをさせるものであると捉えると〈強制〉、その服を暑いと思っている「花子」に「服を脱ぐ」という動作を実現させたと捉えると〈好意〉の意味になる。また、「太郎の心境」を前面化して、「花子」に「服を脱ぐ」という動作を実現させたことは「花子」に「迷惑」を与えるためと捉えると〈意地悪〉、「利益」を与えるためと捉えると〈思いやり〉を表すことになり、使役者が働きかけによる結果の招致は使役者の本意ではないと捉えると〈不本意〉の意味になる。

1.2.6　本節のまとめ

アンケート調査によると、アムド・チベット語ネイティブスピーカーは、〈強制〉などを示す言葉がコンテキストに与えられておらず、「太郎は次郎に絵をかかせた」のような必須項だけでできている使役表現は〈動作の引き起こし〉という基本的意味通りに捉えるの一般的である。一方、日本語ネイティブスピーカーは、必須項だけでできている使役表現の意味を、単純に〈動作の引き起こし〉より〈動作の引き起こしプラスアルファ〉という何かの色を付けて

捉える人が多く、〈好意〉より〈強制〉と捉える人が多いという傾向がある。前述のように日本語は「スル」より「ナル」の表現を好むことで知られている。意図性のある「スル」の表現を控えめにする言語では、使役者が被使役者にあることをやらせるのは、「迷惑付与」と捉えやすく、「利益」に捉えにくいことも当然なことだと考えられる。一方、アムド・チベット語には「スル」よりも「ナル」という社会的な制約がないため、目上を被使役者に据えて「学生は先生に推薦状を書かせた」のような表現も可能となる。

　一般的に、〈強制〉や〈好意〉などの語用論的意味は、利害授受の方向からみるといずれも使役者から被使役者へ向かっており、「迷惑付与」、「利益付与」になる。しかし、話し手自身が被使役者になるか被使役者の立場を取る場合、「迷惑受領」、「利益受領」となる。日本語は「迷惑受領」を表すには使役態に「〜られる」を付けたいわゆる使役受身を使って表現する。また「利益付与」を表すには使役態に「〜てあげる」を付け、また「利益受領」を表すには使役態に「〜くれる」を付けて表現する。一方、アムド・チベット語は「〜られる」、「〜てあげる」、「〜くれる」のような形態がないため、いずれの場合も「keu jeug」を使って文を終わらせるのが一般的である。したがって、アムド・チベット語の「keu jeug」などは日本語の「〜させる」に対応すると同時に「〜させられる／〜させてあげる／〜させてくれる」にも対応するということが言える。

　ところが、アムド・チベット語の使役表現は、使役者が自分のために被使役者にお願いして何かをやらせるという〈依頼〉の意味を表すことが可能であるが、日本語ではできない。この場合「利益」が使役者から被使役者へ向かうのではなく、被使役者から使役者に逆戻りすることになる。こうした「利益逆戻り」を表す場合、日本語では「〜させる」という使役表現ではなく、「〜てもらう」を使って表現するのが一般的である。したがって、アムド・チベット語の「keu jeug」などは日本語の「〜てもらう」にも対応すると言える。

　日本語には「着せる」、「脱がせる」のようないわゆる「使役動詞」が述語となる使役表現があり、使役者の被使役者が主語となる出来事に対する関わり方は「直接働きかけ」である場合と「間接働きかけ」である場合がある。前者の意味を孫東周（2005）の用語を借用して〈語彙的他動〉と呼ぶ。後者は、意志

動詞が述語となる使役表現と同様に〈動作の引き起こし〉を表す。一方、アムド・チベット語は、「直接働きかけ」の場合に「他動詞」を使い、「間接働きかけ」の場合に「動詞＋使役態」を使って表現する。言い換えれば、日本語の使役動詞はアムド・チベット語の「動詞＋使役態」と対応すると同時に「他動詞」とも対応する。

　ところが、「（身動きできない）お前に口移しで飲ませる」のように被使役者が、自らの力では自分の動作を実現させることができない状況にある場合、「飲ませる」というのは使役者の直接的な動作とも読み取れるため、本研究では〈語彙的他動〉として考える。同じ状況の「飲ませる」は、アムド・チベット語の場合「動詞＋使役態」ではなく、「他動詞」を使って表現する。〈語彙的他動〉の場合も語用論的意味としては〈動作の引き起こし〉と同様に〈誘発〉、〈強制〉、〈好意〉、〈意地悪〉、〈思いやり〉、〈不本意〉などに解釈できる。

2．無意志動作が述語になる場合

　冒頭でも触れたように、無意志動詞が述語なる直接関与型使役表現は、使役者のある実質的な働きかけによって、被使役者の通常の状態を別の状態に変化させるという意味を表す。本研究ではこうした〈変化の引き起こし〉の意味を無意志動詞が述語となる直接関与型使役表現の基本的意味として考える。無意志動詞には人間の心理・生理的動きを表す動詞とモノやコトの動きを表す動詞があり、それらの違いによって、この基本的意味はさらに〈反応の引き起こし〉、〈事態の引き起こし〉、〈変化の引き起こし〉、〈奇跡の引き起こし〉などの語用論的意味になる。以下ではそれぞれについて論じる。

2.1　両言語に共通する語用論的意味の分類

　無意志動詞には人間の心理・生理的動きを表すものと、モノやコトの変化を表すものがある。ここではそれぞれに分けて日本語とアムド・チベット語における無意志動詞が述語になる直接関与型使役表現の語用論的意味を論じる。なお、いずれの場合も使役者が人間である場合のみを取り扱う。

2.1.1 人の心理的・生理的変化を表す無意志動詞が述語となる場合
〈1〉反応の引き起こし

次の例文（32）は「興奮する／Ver lang」という人間の心理状態の変化を表す無意志動詞が述語となっており、使役者である「太郎」の何らかの実質的な働きかけ（刺激とも言える）によって、「次郎」の心理状態を通常の状態から「興奮する」という状態に変化させたということを表している。

(32) 太郎は次郎を興奮させた。
　　　ta ro 'xeu ji ro Veur lang geu zheug.
　　　太郎 'xeu 次郎　興奮　　　geu zheug.

言い換えれば、被使役者である「次郎」の心理状態が通常の状態から「興奮する」という状態に変化したことは、使役者である「太郎」の何らかの実質的な働きかけに対する反応でもある。本研究ではいわゆる人間の心理的動きを表す感情動詞が述語となり、使役者のある実質的な働きかけによって被使役者の心理的な反応を引き起こしたという意味を〈**反応の引き起こし**〉と呼ぶ。

なお、人間の心理的動きを表す無意志動詞には本来利害性が含意されているものとそうではないものがある。上の例文（32）で言えば、「次郎が興奮する」ということは、「太郎」の何らかの実質的な働きによって「次郎」に刺激を与えたときの反応であり、これを利害授受の観点から言えば、「太郎が次郎を興奮させた」ことが「次郎」にとって迷惑的なものなのかそれとも利益的なものなかは判断しがたい。それはこの例文（32）には「興奮する（Ver lang）」という利害的に中立な無意志動詞が使われているからだと考えられる。

このように利害的に中立で、人間の心理的動きを表す無意志動詞が述語となっていて、使役者が実質的な働きかけを行うことによって単に被使役者の心理的なある反応を引き起こすという意味を〈**単なる反応の引き起こし**〉と呼ぶ。

このような意味を表す利害的に中立な人間の心理的動きを表す動詞は、このほかに「びっくりする／yam tshar」くらいしか見当たらず、多くの人間の心理的動きを表す無意志動詞は、「喜ぶ／'ga」や「悲しむ／'deug」のようにその心理的動きがその主体にとって利害的か迷惑的かがはっきりしている。つま

り、心理的動きを表す無意志動詞のほとんどは本来利害性が含意されているとも言える。

　これらの利害的に中立な無意志動詞であれ、本来利害性が含意される無意志動詞であれ、使役者が実質的な働きかけを行うことによって被使役者の心理的なある反応を引き起こすという基本的な点では共通している。

　　(33) 太郎は次郎を悲しませた。
　　　　 ta ro 'xeu ji ro sem 'deu keu zheug.
　　　　 太郎 'xeu 次郎 悲しむ　 keu zheug.

　つまり、この例文 (33) も使役者である「太郎」が何らかの実質的な働きかけを行うことよって、「次郎」の「悲しむ」という心理的な反応を引き起こしたという〈反応の引き起こし〉を表す。しかし、上の例文 (32) の場合の「興奮する」と違って、「悲しむ」という人間の心理的動きを表す動詞は本来迷惑の意味が含意されているため、「太郎」のある実質的な働きかけによって引き起こされた反応は「次郎」にとって迷惑であるが、その迷惑は「太郎」が「次郎」の「ある反応」を引き起こすことによってもたらしたというよりも、「太郎」が直接的に「次郎」の迷惑的反応を引き起こしたというほうがより正確だろう。

　これはアンケート調査の「太郎が飲みたがっていない次郎に酒を飲ませた」と比較すると、「飲む」という意志動詞自体は迷惑を含意していないが、「次郎が酒を飲みたがっていない」にも関わらず「太郎が次郎に酒を飲ませた」のだから、「太郎」が「次郎」に「迷惑」をもたらしたことを表す。したがって、この場合の「迷惑」は付帯的であることがわかる。これに対し「悲しむ」という動詞は本来迷惑を含意しているため、「太郎」が「次郎」に付帯的な迷惑をもたらしたのではなく、「太郎」が直接「次郎」の迷惑的反応を引き起こしたことを表す。ここでは「悲しむ／'deug」のように本来迷惑を含意する人間の心理的動きを表す無意志動詞が述語となる直接関与型使役表現の意味を〈**迷惑的反応の引き起こし**〉と呼ぶ。

　両言語にはこうした〈迷惑的反応の引き起こし〉の意味を表す本来迷惑を含

意している動詞はほかにも次のようなものがある。それらを日本語の場合アイウエオ順に、アムド・チベット語の場合基字の順にまとめておくと次のようになる。

日本語の場合：
焦る　いらいらする　いらだつ　羨ましがる　怒る　困る　こりる　怖がる　しょげこむ　心配する　煩う　泣く　びっくりする　迷惑する　まごつく　惑う　もどかしがる　迷う　狼狽するなどがある。

アムド・チベット語の場合：
'kyak（怖がる）、go khor（迷う）、go nyok（惑う）、thap 'sat（途方にくれる）、'du 'xa theug（困る）、trel wa lang（あわてる）、'po lang（怒る）、'mong（悲しむ）、tsheug ka 'sa（むかつく）、she chak（執着する）、yeut 'kyo（悲しむ）、yeut 'mon 'kye（うらやましがる）、yeut 'mon xor（うらやましがる）、yer se 'tong（びっくりする）、seun（寂しがる）、sem kheur yet（心配する）sem tshap（いらだつ）、sem tsheug（いらいらする）、lhap se 'tong（びっくりする）、eu theug（途方にくれる）などがある。

これらとは逆に「喜ぶ／'ga」のような本来利益性を含意する人間の心理的動きを表す無意志動詞は、次の例文（34）のように直接関与型使役表現の述語になる場合、「太郎」が直接的に「次郎」にとって望ましい利益的反応を引き起こしたという意味を表す。

　　（34）太郎は次郎を喜ばせた。
　　　　　ta ro 'xeu ji ro 'ga　'xeu zheug
　　　　　太郎 'xeu 次郎 喜ぶ 'xeu zheug

ここでは「喜ぶ／'ga」のように本来利益性を含意する人間の心理的動きを表す無意志動詞が述語となる直接関与型使役表現の意味を〈利益的反応の引き起こし〉と呼ぶ。
　両言語にはこうした〈絶対利益〉を表す本来利益性を含意している動詞はほ

かにも次のようなものがある。それらを日本語の場合アイウエオ順に、アムド・チベット語の場合基字の順にまとめておくと次のようになる。

日本語の場合：
落ち着く　面白がる　安心する　安定する　楽しむ　納得する　満足する　喜ぶなどがある。

アムド・チベット語の場合：
geu kang（満足する）、'ga（喜ぶ）、'de wap（落ち着く）、yeut tsheum（満足する）、'lo 'de（安心する）、sem 'de（安心する）'so（楽しむ）、 lhotl la wap（落ち着く）などがある。

　なお、本研究では〈単なる反応の引き起こし〉、〈迷惑的反応の引き起こし〉、〈利益的反応の引き起こし〉の意味は同レベルのものだとみなし、その「迷惑」と「利益」は文法的意味ではなく、述語となる動詞が本来含意している語彙的意味によるものだと考える。
　ところが、話し手が〈迷惑的反応の引き起こし〉と〈利益的反応の引き起こし〉は述語となる動詞の語彙的な利害性を意識しながら、「使役者の心境」を前面化すると、使役者が被使役者に対する実質的な働きかけは、使役者の意図によるものかそうではないかが問題になる。上の例文（33）と（34）で言えば、「使役者の心境」を前面化すると、「太郎が意図的に次郎を悲しませた」、「太郎は意図的に次郎を喜ばせた」の意味にも読み取れるし、また「太郎にはそのつもりがないが、結果的に次郎を悲しませた」、「太郎にはそのつもりがないが、結果的に次郎を喜ばせた」の意味にも読み取れる。
　使役者が被使役者の「迷惑的反応」を引き起こすために意図的に被使役者に刺激を与えることを、佐藤里美（1986）では「意図的迷惑付与」と呼び、使役者が被使役者の「利益的反応」を引き起こすために意図的に被使役者に刺激を与えることを「意図的利益付与」と呼んでいる。
　一般的には、使役者の位置に立つ人間が意図的であるかどうかは、引き起こされた無意志的動作が、その使役者の位置にある人間が予想しているかどうか

第5章　直接関与型使役表現の意味　　101

である。使役者が被使役者の無意志的な心理的動きを予想して、働きかけているならば「意図的な引き起こし」の意味になり、予想しておらず、あるいは使役者の目的が別のところにあって、結果として無意志動作を引き起こしたならば「非意図的な引き起こし」の意味になる。次の例文（35）と（36）は使役者が「意図的」および「非意図的」かを示す例文である。

(35) 太郎はおもちゃを見せびらかして、次郎をうらやましがらせた。
　　　ta ro 'xeu 'tse 'kyat 'ngom mi ji ro hep lang geu zheug
　　　太郎 'xeu おもちゃを見せびらかして次郎うらやましがる geu zheug
(36) 太郎はおもちゃがほしいといって、母をこまらせた。
　　　ta ro 'xeu 'tse 'kyat 'go zi ni am a 'deu 'xa theug keu zheug
　　　太郎 'xeu おもちゃがほしいと言って、母　　困る　keu zheug

　この例文（35）は、使役者の位置にある「太郎」が「おもちゃを見せびらかせば、次郎がうらやましがる」ことを予想し、わざと「次郎をうらやましがらせる」ために「おもちゃを見せびらかした」という「意図的な迷惑付与」の意味を表す。それに対して例文（36）は、使役者の位置にある「太郎」が「おもちゃがほしいと言ったら母がこまる」ことを予想しておらず、「太郎」がただ「おもちゃがほしい」だけで、「おもちゃがほしいという」のは、「母をこまらせる」ためではないという「非意図的な迷惑付与」の意味を表す。

　本研究では、例文（36）のように使役者が被使役者の無意志的な心理的動きを予想していないか、または使役者の目的が別のところにあって、結果として無意志的な心理的動きを引き起こしたという意味を〈**不本意**〉と呼び、例文（35）のように使役者の実質的な働きかけによって引き起こされた無意志的動きが被使役者にとって迷惑であることを、使役者の位置にある人間が予想していながら意図的にある手段を使って刺激するという意味を〈**意地悪**〉と呼ぶ。また、次の例文（37）のように使役者の実質的な働きかけによって引き起こされた無意志的動きが被使役者にとって利益であることを、使役者の位置にある人間が予想していながら意図的にある手段を使って刺激するという意味を〈**思いやり**〉と呼ぶ。

(37) 太郎は次郎を喜ばせるために意外な行動に出た。
　　　ta ro 'xeu ji ro 'ga 'xeu jueg 'gyi zi ni ma 'sam neu zeug li tang ta
　　　太郎 'xeu 次郎喜ぶ 'xeu jueg といって　意外なこと　やった

　なお、〈思いやり〉は、話し手が「被使役者の心境」を前面化すると同時に、被使役者が不利な状況にあると捉える必要がある。被使役者の状況は不利な状況として捉えない場合は単なる〈利益的反応の引き起こし〉の意味になる。
　ここで以上をまとめておく。人間の心理的動きを表すいわゆる感情動詞が述語となり、使役者のある実質的な働きかけによって引き起こされる被使役者のある心理的な〈反応の引き起こし〉の意味を、その動詞が本来利害性を含意されているかどうかによってさらに三つの語用論的意味に分類した。

$$
反応の引き起こし\begin{cases} 迷惑的反応の引き起こし \\ 単なる反応の引き起こし \\ 利益的反応の引き起こし \end{cases}
$$

　これらの意味は、使役者のある実質的な働きかけによって被使役者のある心理的な反応を引き起こすことを一つの事実として捉える場合の語用論的意味であるが、話し手が「使役者の心境」を前面化して捉える場合、さらに次のように語用論的意味を生み出す。
　話し手が使役者が被使役者の無意志的な迷惑の心理的動きを予想して、意図的に引き起こしたと捉える場合は〈意地悪〉の意味になり、話し手が被使役者が不利な状況にあることを視野に入れながら、無意志的な利益の心理的動きを予想し、意図的に引き起こす捉える場合は〈思いやり〉の意味になる。また、使役者が被使役者の無意志的な心理的動きを予想しておらず、あるいは使役者の目的が別のところにあって、結果として無意志的動きを引き起こしたという意味が〈不本意〉の意味になる。これらの関係を図で表すと次のようになる。

```
        意地悪
   不  ╱─────╲
   本 │反応の引き│
   意 │ 起こし │
      ╲─────╱
        思いやり
```

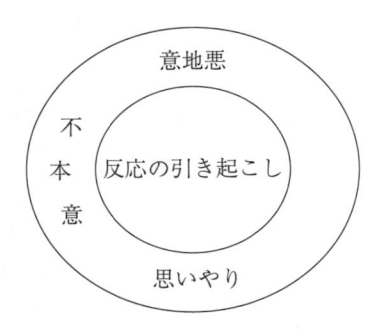

〈2〉事態の引き起こし

　ここでは人間の心理的動きを表す動詞ではなく、人間の生理的動きを表す無意志動詞が述語となる場合の語用論的意味について論じる。まず、両言語における人間の生理的動きを表す無意志動詞を日本語はアイウエオ順に、アムド・チベット語は基字の順にまとめておく。

日本語の場合：
苦労する　昏睡する　負傷する　死傷する　焼死する　死ぬ　消耗する　溺死するなどがある。

アムド・チベット語の場合：
'gi（老ける）、nyam（弱まる）、'nyeul la xor（昏睡する）、'tok xeu thep（餓死する）、'mi hok（負傷する）、lo lon（老いる）、xeu（死ぬ）などがある。

　ここでわかるように、これら人間の生理的動きを表す動詞のほとんどは、その動きの主体にとって望ましくないことを表している。こうした人間の生理的動きを表す無意志動詞が述語となる場合、使役者のある実質的な働きかけによって被使役者にとって望ましくないある事態を引き起こしたことを表す。
　次の例文（38）で言えば、「あの独裁者」の実質的な働きかけによって、被使役者にとって望ましくない出来事である「多くの国民が餓死する」というマイナス的な事態を引き起こしたことを表している。

(38) あの独裁者は多くの国民を餓死させた。
　　'teum trak can ti bang mang wo 'tok xeu thep keu zheug
　　あの暴君　　i　国民　多く　　餓死する　　　keu zheug

　本研究では、こうした人間にとってマイナス的な生理的動きを表す無意志動詞が使役表現の述語となり、使役者の実質的な働きかけによって被使役者にとって望ましくないある事態を引き起こす意味を〈**事態の引き起こし**〉と呼ぶ。これは利害授受的な観点からいえば当然ながら「迷惑付与」である。次の例文(39) も同じく〈事態の引き起こし〉を表す。

(39) 太郎は槍を投げて次郎を負傷させた。
　　ta ro 'xeu dong hang ngi ji ro a 'mi hok keu zheug
　　太郎 'xeu 槍を投げて　次郎　a 負傷する keu zheug

　つまり、使役者である「太郎」は「槍を投げる」という行為をすることによって、「次郎」にとって望ましくない「負傷する／'mi hok」という事態を引き起こしたことを表している。同じ例文(39)を「使役者の心境」を前面化し、使役者がその被使役者のマイナス的な生理的動きを予想しながら、その事態を引き起こしたと捉える場合は〈意地悪〉の意味になる。例文(39)で言えば「太郎」が「次郎を負傷させる」ために意図的に「槍投げをする」と捉える場合の意味である。これとは逆に「次郎」が保険金などを目的に「負傷する」ことを望んでいるという極端な状況として捉え、しかも「次郎」が不利な立場にあると捉える場合〈思いやり〉の意味にもなる。
　ところが、人間の生理的動きを表す無意志動詞はすべてマイナス的意味を表すものではない。日本語の場合「安楽死する」のような本来利益的意味を含意されている人間の生理的動きを表す無意志動詞もある。このような動詞が述語となる場合、次の例文(40)のように〈思いやり〉を表すことができる。

(40) 不治の病を抱えている彼を安楽死させた。

アムド・チベット語の場合「安楽死する」のように本来利益的意味を含意されている人間の生理的動きを表す無意志動詞が見当たらないが、次の例文 (40') のように被使役者にとって生きるよりも死ぬほうが利益的であり、その状況を示すことをコンテキストの中に与えられている場合〈思いやり〉の意味も表すようになる。

  (40') 'manba 'xeu 'deug ngal keu zot keu met no 'xeu khe 'ge xeu
    'xeu zheug
   医者　'xeu 苦しみに　　耐えられない　　　彼　死ぬ
   'xeu zheug
   苦しみに耐えられない彼を死なせてあげた。

以上をまとめると、人間の生理的動きを表す無意志動詞のほとんどは、その変化主体にとってマイナス的意味が含意されており、こうした無意志動詞が述語となる使役表現は、使役者の実質的な働きかけによって被使役者にとって望ましくない〈事態の引き起こし〉を表す。なお、極端な状況では〈思いやり〉を表すこともある。また、使役者がある事情により、止むを得ずある事態を引き起したと捉える場合〈不本意〉の意味にもなる。

2.1.2　モノやコトの変化を表す無意志動詞が述語となる場合
〈3〉 変化の引き起こし

両言語にはモノの変化を「爆発する／kat」や「沸騰する／'deu」のようなモノの変化を表す無対無意志動詞のグループがある。当然ながら両言語の無対無意志動詞はすべて完全に対応しているわけではない。たとえば、日本語では「固まる」と「固める」のように対になっているが、アムド・チベット語では「'kak（固まる）」という一つの動詞しかなく、「固める」という意味を表すには「'kak（固まる）」という動詞に使役態の「keu zheug」を使わなければならない。また、アムド・チベット語では雨が「bap（降る）」と雨を「hap（降らせる）」という対になる自他の対立があるが、日本語では「降る」という動詞しかないため、「hap」の訳語でもわかるように「降る」を使役化して「降らせ

る」のように表現するのが一般的である。

　日本語の「固める」とアムド・チベット語の「hap（降らせる）」はそれぞれ自動詞に対立する他動詞であり、主体の動作を表すと同時に客体の変化も表す意志動詞である。結論を先に述べれば、両言語はともに、無対自動詞をさらに使役化することによって他動詞的な語彙の意味を表す傾向がある点が共通している。

　　（41）太郎は強火にして、お湯を沸騰させた。
　　　　　ta ro 'xeu nyi ce je che tang ngi cheu 'deu 'xeu zheug
　　　　　太郎 'xeu 火を　強くして　水沸騰する　　'xeu zheug

　つまり、この例文（41）は、「太郎」が「強火にする」という動作的な働きかけによって、「お湯」を通常の状態から「沸騰する」状態に変化させたことを表す。本研究では使役者がモノに対して動作的働きかけによって、そのモノの状態を通常の状態から別の状態に変化させる意味を〈**変化の引き起こし**〉と呼ぶ。

　この例文（41）は、使役者である「太郎」が「強火にする」という意図的な行為を行う目的は「お湯を沸騰させる」ためであるが、次の例文（42）は、「太郎」が意図的な行為を行う目的は「爆竹を爆発させる」ためではなく、「皆を驚かせる」ためである。言い換えれば、「爆発させる」という「無対自動詞＋使役態」は「皆を驚かせる」ための手段として使われているのである。

　　（42）太郎は爆竹を爆発させて、皆を驚かせた。
　　　　　ta ro 'xeu xak wu kat　keu zheug 'xi tshang ma 'kyak keu zheug
　　　　　太郎' xeu 爆竹爆発する <u>keu zheug</u> て、皆を驚かせた。

　このように「無対自動詞＋使役態」は手段として使えることからも「無対自動詞＋させる」の形は自動詞と対立する他動詞の役割を果たしていることがわかる。

　両言語には「経済」や「制度」のような抽象名詞を被使役者の位置に据えた

第5章　直接関与型使役表現の意味　　107

次の例文（43）のような使役表現があり、ここではこれらの抽象名詞を「コト」と呼ぶ。

(43) あの国王は経済を発展させて、国民を幸せにした。
　　 'gya wo di hwa jor phe 'gyi a gyo 'xeu zheug 'xi 'mang tshok
　　 'de a kot
　　 国王　　 あのi　経済発展する　　　'xeu zheug　国民を幸せにした

この例文（43）はコトの動きを表す無意志動詞が述語となっているが、使役者が被使役者に当たるコトに働きかけることによってコトの状態を変化させるという〈変化の引き起こし〉を表し、「国民を幸せにする」手段として使われているから他動詞的な役割を果たしていることもわかる。
　ところが、モノやコトの動きを表す無意志動詞が述語となることは、被使役者がモノやコトであることを意味する。人間の心理・生理的動きを表す無意志動詞とは違って、使役者の何らかの働きかけによって直接そのモノやコトである被使役者に迷惑や利益をもたらしたりすることはありえないが、〈変化の引き起こし〉によってモノやコトの所有者などの関係者には迷惑や利益をもたらしたりすることは可能である。したがって、モノやコトの動きを表す無意志動詞が述語となる場合も、話し手が「使役者の心境」を前面化することによって〈意地悪〉、〈思いやり〉の語用論的意味が表せるようになる。つまり、使役者が被使役者であるモノやコトの変化を引き起こすことによって関係者に迷惑をもたらすことを予想しながら変化を引き起こしたのだと捉える場合〈意地悪〉の意味となり、関係者に利益をもたらすことを予想しながら変化を引き起こしたのだと捉える場合〈思いやり〉の意味となる。また、使役者がある事情により、止むを得ずモノやコトの変化を引き起こしたなら〈不本意〉の意味にもなる。

2.1.3　本節のまとめ
　無意志動詞が述語となる場合の関与型使役表現の語用論的意味はその動詞の性質によって語用論的意味が変わる。人間の心理的動きを表す無意志動詞が述

語となる場合〈反応の引き起こし〉を表すが、その動詞は利害的に中立であるかそれとも本来利害性を含意されているかによって〈単なる反応の引き起こし〉、〈迷惑的反応の引き起こし〉、〈利益的反応引き起こし〉を表す。さらに話し手が「使役者の心境」を前面化し、使役者が被使役者の迷惑的な無意志的な心理的動き活動を予想して、意図的に〈迷惑的反応の引き起こし〉をしたなら〈意地悪〉の意味を表し、また被使役者が不利な状況にあると捉えた上で、意図的に〈利益的反応の引き起こし〉をしたなら〈思いやり〉の意味を表す。使役者が被使役者の無意志的な心理的動きを予想しておらず、あるいは使役者の目的が別のところにあって結果として無意志動作を引き起こしたと捉える場合〈不本意〉の意味になるが、本研究では〈単なる反応の引き起こし〉、〈迷惑的反応の引き起こし〉、〈利益的反応引き起こし〉を同じレベルのものだと考える。

　人間の生理的動きを表す無意志動詞にはその変化の主体にとって望ましくない意味が含意されていることが多い。こうした人間の生理的動きを表す無意志動詞が述語となる場合、使役者の実質的な働きかけによって被使役者にとって望ましくないある事態を引き起こすという〈事態の引き起こし〉の意味を表す。話し手が「使役者の心境」を前面化し、使役者がその被使役者にとって望ましくない生理的動きを予想しながら、その事態を引き起こしたと捉える場合〈意地悪〉の意味になり、使役者がある事情により、止むを得ず事態を引き起こしたと捉える場合は〈不本意〉の意味にもなる。また、極端な状況では〈思いやり〉の意味を表すこともある。

　モノやコトの変化を表す無意志動詞が述語となる場合〈変化の引き起こし〉の意味を表すが、手段としても使えるから他動詞的な役割を果たしていると考えられる。他動詞文は「直接引き起こし」のみを表すことに対し、無意志動詞が述語となる使役文は「直接引き起こし」も「間接引き起こし」も表す。また、話し手が「使役者の心境」を前面化することによって〈意地悪〉、〈思いやり〉、〈不本意〉の語用論的意味も表せる。

2.2 無意志動詞が述語となる場合の両言語の相違点
2.2.1 有対無意志自動詞が述語となる場合の違い

〈4〉奇跡の引き起こし

　モノの変化を表す有対無意志自動詞が述語となる場合、日本語では基本的に次の例文（44）aのように「-aseru／saseru」と共起できない。動作主体が客体の変化を引き起こすことを表すには（44）bのように対立する他動詞を使うのが一般的である。

　　（44）a．＊彼が窓ガラスを壊れさせた。
　　　　　b．　彼は窓ガラスを壊した。

　一方、アムド・チベット語は次の例文（44'）aのように有対無意志自動詞を使役化しても自然な文となり、使役者である「彼」が一般的な常識では考えられない魔法をかけるなどの手段によって働きかけ「窓ガラス」を通常の状態から「壊れる」状態に変化させることを表す。この場合、使役者の位置にある人間は超能力の所有者でなければならない。ここでは、使役者の位置にある超能力の所有者が、普通の常識では考えられない神秘的なパワーによって間接的にモノの変化を引き起こすという語用論的意味を**〈奇跡の引き起こし〉**と呼ぶ。

　　（44'）a．kheu 'geu　xe 'go　chak keu zheug
　　　　　　　彼'　　geu　窓ガラス壊れる　keu zheug
　　　　　b．kheu 'geu xe 'go cak
　　　　　　　彼'　　geu 窓ガラス壊す

　一方、日本語では超能力の所有者が神秘的な力によって〈奇跡の引き起こし〉を表すにも（44）bのように他動詞文を使うのが一般的である。それに対しアムド・チベット語では（44'）bのような他動詞文は、動作主体が変化主体となるものに直接手を下して変化を引き起こすという意味にしかならない。

アムド・チベット語は有対無意志自動詞だけではなく、モノの存在を表す「yo（ある）」とその否定形である「me（ない）」も、次の例文（45）のaとbのように使役化することが可能であり、語用論的意味としては〈奇跡の引き起こし〉を表す。

(45) a. xe kar nang na ca yo keu jeug gyi
　　　コップ　中　お茶　ある keu jeug （意志）
　直訳：コップの中にお茶をあらせる。
　　　コップの中にお茶があるようにする。
　　b. kheu 'geu cok tsi thok keu me tok me keu zheug tang tha
　　　彼'　geu 机　の　上　の　花　ない　keu zheug （過去）
　　　彼は机の上の花を消えさせた。

ところが、この例文（45）bの訳語でもわかるように日本語でも「消える」という動詞は「消す」という対の他動詞がありながらも「-aseru／saseru」と共起できるが、例文（45）bの場合「消える」は「消す」と対立する自動詞ではなく、存在動詞である「ある」と対立するとも考えられる。いずれにしろ「彼は机の上の花を消えさせた」というのは「-aseru／saseru」と共起できるのが例外として取り扱う。

2.2.2 使役者と被使役者が同じ人間の場合の違い

人間の心理的・生理的変化を表す無意志動詞が述語となる場合、一般的には「太郎が次郎を驚かせた」のように使役者と被使役者が異なる人間であるが、アムド・チベット語には使役者と被使役者が同じ人間である次の例文（46）のような使役表現がある。いわば「再帰態」の文である。

(46) tsho shang 'go na 'tok keu jeug 'go neu reu
　　　やせたいなら　飢える　keu jeug　必要があるのだ
　　　やせたいなら（自分が自分を）飢えさせるんだ。

この例文（46）は話し手が別の人にダイエットの有効な方法を教えている場面で、「あなたがやせたいなら自分が自分を飢える状態にしなければならない」という意味として使ったとする。上で述べたように述語となる無意志動詞は「'tok（飢える）」のような変化主体にとって望ましくない人間の生理的動きを表す動詞で、使役者と被使役者がそれぞれ別の人である場合は使役者が被使役者に実質的な働きかけることによって、被使役者にとって望ましくないある事態を引き起こすという意味を表す。
　しかし、この例文（46）は使役者と被使役者が同じ人間であるため、「'tok keu jeug（飢えさせる）」は使役者自身の動作であると同時に使役者自身の状態の変化でもある。つまり、使役者が被使役者に働きかけて「飢えさせた」のではなく、使役者が自ら「飢える」状態にしたことを表す。次の例文（47）も同様である。

　　（47）ngi ta theug se rang geu reng ge dak keu zheug
　　　　　私　今　まで　自分　geu 自分　苦労する　keu zheug
　　　直訳：私は今まで自分が自分を苦労させてきた。

　この例文（47）は、パソコンの使い方を習得できた会計士が「今までは紙やそろばんを使って会計の仕事で苦労してきたが、今はパソコンの使い方を習得できたので前のように苦労しなくても仕事が済むようになった」という意味を表すために口にしたとする。この場合の「自分が自分を苦労させてきた」という意味は「自分」がエクセルなどの使い方がわからず、紙やそろばんを使って仕事をしていたため、今まで「苦労する」という状態を維持してきたという意味を表す。この場合も使役者が被使役者に働きかけて「苦労させた」のではなく、使役者が自ら「苦労する」状態にしたことを表す。つまり、「苦労させる」というのは使役者自身の動作であると同時に使役者自身の状態の変化でもある。
　上の例文（46）と（47）は、望ましくない人間の生理的動きを表す無意志動詞が述語となっているが、次の例文（48）のように本来利益が含意される人間の心理的動きを表す無意志動詞が述語となる場合も同じことが表せる。

(48) kheu geu kheu ge 'so 'xeu zheug 'xi 'da yo keu
　　　彼　　geu　彼　楽しむ keu zheug　ている
直訳：彼が彼を楽しませている。

　この例文 (48) は、「kheu geu（彼）」が置かれている状況から言えば毎日楽しく過ごせる状況ではないが、前向きで楽観的な「kheu geu（彼）」はそれにも関わらず自分が自分を楽しませて過ごしているという意味を表すために使ったとする。この場合も使役者が被使役者に働きかけて「楽しませた」のではなく、使役者が自ら「楽しい」状態にしたことを表す。つまり、「楽しませる」というのは使役者自身の動作であると同時に使役者自身の状態の変化でもある。
　以上をまとめると、アムド・チベット語は、「自分が自分を～geu zheug」という形を使って、使役者と被使役者が同じ人間である使役表現を作ることが可能であり、使役者が自分の状態を別の状態にすることを、あたかも使役者が自分に働きかけて、自分の状態を通常の状態から別の状態に変化させるように表現する。この場合、述語となる動詞は人間の心理・生理的動きを表す無意志動詞であり、「自分」とはそれぞれ例文 (46) は二人称を、(47) は一人称を、(48) は三人称を指している。一方、日本語は、例文 (46) から (48) の訳語でもわかるように使役者と被使役者は同じ人間にすることができない。

2.2.3　被使役者が使役者の体の一部である場合の違い

　日本語には次のような人間の体の一部を被使役者の位置に据えたものがある。これについて、高橋太郎 (1985) は、意味的に使役性がないとして「再帰態」と呼んでいる。この場合、被使役者の動作は使役者の動作の一部として捉えており、使役者が被使役者を間接的に働きかけているのではなく、直接的に動かしているのであると指摘されている。

(49) a．太郎は耳をそばだたせた。
　　 b．太郎は唇を尖らせた。

これらの再帰態に対応するアムド・チベット語は「自動詞＋geu zheug」の形ではなく、次の例文（49'）のように他動詞で表されるのが一般的である。

　　(49') a. ta ro 'xeu 'na jok 'cor
　　　　　　太郎' xeu 耳 立てる
　　　　 b. ta ro 'xeu cheu leu cor cor yi
　　　　　　太郎' xeu 唇を尖るようにした

ところが、次の例文（50）のようにアムド・チベット語でも「自動詞＋geu zheug」の形を用いることが可能な場合がある。

　(50) 太郎が足を滑らせた。
　　　ta ro 'xeu rang geu 'kong nga xeut keu zheug
　　　太郎' xeu　自分　の　足　滑る keu zheug

この場合、両言語の表現は形式上ではお互いに対応しているものの、意味上では大きな違いがみられる。例文（50）を元にした次の例文（50'）からこの違いについてみる。

　　(50') a．太郎が（わざと）足を滑らせて彼女にしがみついた。
　　　　 b．太郎が足を滑らせて転んだ。

　この二つの例文とも「足を滑らせた」は太郎の動作の一部として捉えられている点では同じであるが、(50')のaは「足を滑らせた」のは太郎の意図によるもので、(50')のbは「足を滑らせた」は太郎の意図によるものではない点が異なる。
　一方、上の例文と対応するアムド・チベット語も、「太郎が自分の足に働きかけて「xeul keu zheug」とは考え難く、やはり「xeul keu zheug」は太郎の動作の一部として捉えられている。その点は日本語と同様であるが、次の例文

(50")aのように「足 xeul keu zheug」という行為は、太郎の意図による場合は自然な文であり、(50")bのように太郎の意図によるものではない場合は不自然な文になる点は異なる。

 (50") a. ta ro 'xeu 'kong nga xul keu zheug 'xi meu 'ge tham.
    太郎　の　足　滑る keu zheug て彼女にしがみついた
   b. ta ro 'xeu 'kong nga xul keu zheug 'xi va ri
    太郎　の　足　滑る keu zheug て転んだ。

このように被使役者の動作が使役者の動作の一部となっている場合、日本語の「自動詞＋saseru／-aseru」は無意識的な自動詞の役割も果たせるのに対し、アムド・チベット語の「自動詞＋keu zheug」は、無対自動詞に対立する他動詞的な役割しか果たせない。
 次の例文（51）に対応するアムド・チベット語の例文（52）も、「dar 'geu zheug」で、太郎がわざと声が震えるようにしたことを意味しており、「dar（震える）」ことは太郎の演技であること表している。つまり、太郎が自分の声を意図的に震わせたという意味を表す。一方、日本語の例文（51）には基本的にそのような意味がない。

 (51) 太郎が声を震わせながら言った。

 (52) ta ro 'xeu ngak dar　'geu jeug shor ra shat
   太郎 'xeu 声震わせる 'geu jeug ながら言った。

したがって、さらに厳密にいえば例文（51）と（52）の対応は形式的な対応であり、意味的には次の（52'）の自動詞文と対応しているのである。

 (52') ta ro 'xeu ngak dar shor ra shat
   　太郎 'xeu　声　震えながら言った。

以上をまとめると、日本語には被使役者が使役者の所有物である場合があり、使役者が被使役者に間接的に働きかけるのではなく、直接的に動かすことを表す。アムド・チベット語ではこうした意味は対応する他動詞で表すのが一般的であるが、被使役者の位置になるのは使役者自身のものである場合、「xul keu zheug（滑らせる）」や「dar 'geu zheug（震わさせる）」のように「自動詞+geu zheug」にすることができる。しかし、日本語は、「滑らせる」と「震わせる」のは意図性の無い自動詞的にも意図性のある他動詞的にも使えるが、アムド・チベット語では意図性のある他動詞的にしか使えないという点で異なる。

2.2.4 述語となる動詞による違い

モノやコトの動きを表す無意志的な自動詞には、両言語ともに対立する他動詞のある場合とない場合があり、その有無によって、使役表現になれるかどうか、そしてなれた場合の意味もそれぞれ異なる。ここでは、有対自動詞と無対自動詞を軸に、被使役者がモノやコトである場合の使役表現を論じる。

〈1〉モノの動きを表す無意志動詞の場合

モノの変化や動きを表す動詞には、両言語ともに自他の対立する動詞のグループがある。ここではいくつか典型的な自他の対立する動詞を挙げておく。

日本語		アムド・チベット語	
自動詞	他動詞	自動詞	他動詞
割れる	割る	chak	cak
回る	回す	khor	'kor
倒れる	倒す	lok	'dzok
沸く	沸かす	khu	'ku

日本語はこれらの有対自動詞に「-aseru／saseru」を付けると、次の例文（53）のように不自然な文になる。一般的にモノの状態を変化するように働きかけることを表すには、対立する他動詞を使う。

(53) a．太郎がガラスを割れさせた。　→　太郎がガラスを割った。
　　 b．太郎が車輪を回らせた。　　→　太郎が車輪を回した。
　　 c．太郎が木を倒れさせた。　　→　太郎が木を倒した。
　　 d．太郎がお湯を沸かせた。　　→　太郎がお湯を沸かした。

　しかし、有対自動詞であっても、変化主体であるモノが自発性を持っている場合は「-aseru／saseru」を付けて使役化しても、文としての許容度が落ちない。意味としては使役者である「太郎」が被使役者に当たる「セーター」などが変化できる環境や条件を作ることによって間接的に働きかけて変化を引き起こしたことを表す。

(54) a．太郎はセーターを水につけて縮ませた。
　　 b．太郎はゼリーを冷蔵庫に入れて固まらせた。
　　 d．太郎は溝を掘って、水を流れさせた。

　なお、この例文 (54) は、使役者である「太郎」の目的は変化主体の変化を引き起こすことにあるが、もし使役者の目的が別のところにあって、その「自動詞＋saseru／-aseru」の形を手段として使う場合、自発性のある動詞であっても次の例文 (55) のように許容度が落ちる。

(55) ?? a．太郎はセーターを縮ませて小箱に入れた。
　　 ?? b．太郎はゼリーを固まらせて棚に置いた。
　　 ?? c．太郎は水を流れさせて地面を洗った。

　このように変化主体に自発性のある場合、使役者の目的は被使役者である変化主体の変化を引き起こすところではなく、別のところにあって、その変化主体の変化を手段として使うときは、次の例文 (56) のように対立する他動詞を使うのが一般的である。

(56) a. 太郎はセーターを縮めて小箱に入れた。
　　 b. 太郎はゼリーを固めて棚に置いた。
　　 c. 太郎は水を流して車を洗った。

　一方、アムド・チベット語は、有対自動詞に「geu zheug」を付けて使役化しても、次の例文（53'）ように自然な文となり、語用論的意味として〈奇跡の引き起こし〉を表す。なお、この場合の使役者は超能力者に限る。

(53') a. ta ro 'xeu thok kwa lhot keu zheug
　　　　 太郎 'xeu ロープ緩む keu zheug
　　 b. ta ro 'xeu xe 'go chak keu zheug
　　　　 太郎 'xeu ガラス割れる keu zheug
　　 c. ta ro 'xeu khor lo khor 'geu zheug
　　　　 太郎 'xeu 車輪回る' geu zheug
　　 d. ta ro 'xeu 'dong ngo log keu zheug
　　　　 太郎 'xeu 木倒れる keu zheug
　　 e. ta ro 'xeu cheu khu 'xeu zheug
　　　　 太郎 'xeu お湯沸く 'xeu zheug
　　 f. ta ro 'xeu me tok thor 'geu zheug
　　　　 太郎 'xeu 花散る' geu zheug

　当然ながら次の例文（53''）のように、これらの自動詞と対立する他動詞を使っても、「太郎」がこの文の客体となる「thok kwa（ロープ）」などのモノに働きかけて、その客体の変化を引き起こしたという意味を表し、文全体が自然になるという点では変わりがない。

(53'') a. ta ro 'xeu thok kwa lod　　　（太郎 'xeu ロープ緩めた）
　　　 b. ta ro 'xeu xe 'go cag　　　　（太郎 'xeu ガラス割った）
　　　 c. ta ro 'xeu khor lo 'kor　　　（太郎 'xeu 車輪回した）
　　　 d. ta ro 'xeu 'dong ngo 'dzok　（太郎 'xeu 木倒した）

　　　　e．ta ro 'xeu cheu 'ku　　　　　　（太郎 'xeu お湯沸かした）
　　　　f．ta ro 'xeu me tok 'tor　　　　　（太郎 'xeu 花散らした）

　しかし、これらの「有対自動詞＋geu zheug」の文と他動詞文には決定的な違いがある。その違いは「太郎」の働きかけ方が間接的であるか、それとも直接的であるかにある。例文（53'）と（53''）は、ともに「太郎」が「thok kwa（ロープ）」などの状態が変化するように働きかけることを表しているが、前者は「太郎」が間接的に働きかけて客体の変化を引き起こしたことを表すことに対し、後者は「太郎」が自ら手を下して直接働きかけて客体の変化を引き起こしたことを表す。

　したがって、次の例文（57）の「太郎が石を使って窓ガラスを割る」のように「太郎」の働きかけ方が「石で打つ」のように直接的である場合、「'cok（割る）」のような他動詞を使うのが一般的であり、「自動詞＋geu zheug」の形で表現すると、文全体の許容度が低くなる。

　　（57）？ta ro 'xeu 'do 'xeu 'gyap wi xe 'go chak keu zheug.
　　　　　太郎 'xeu　石で　打って、ガラス割れる　keu zheug
　　　　直訳：太郎が石を使って窓ガラスを割れさせた。

　それとは逆に、次の例文（57'）のように「太郎」が直接手を下さず超能力的なパワーを駆使して間接的な働きかけ方で「窓ガラス」の状態を変化させるという〈奇跡の引き起こし〉という意味を表すには、他動詞文を使うと逆に許容度が落ちる。したがって、このような間接的な働きかけによっての〈奇跡の引き起こし〉を表すには「自動詞＋geu zheug」の形を使うのである。

　　（57'）？ta ro 'xeu xe 'go ma theug 'xa 'da li cak.
　　　　　太郎 'xeu　ガラスを触らないで　割る
　　　　太郎が窓ガラスを触らないで割った。

　しかし、モノの状態や変化を引き起こすことを手段として使い、使役主体の

本当の目的は別のところにある場合、「有対自動詞＋geu zheug」の形を使うと、次の例文（58）のように許容度が落ちる。この場合、次の例文（58'）のように他動詞を使うのが一般的である。

 （58）? ta ro 'xeu xe 'go <u>chak keu zheug</u> 'xi, 'long 'gyeu keu zheug.
    太郎　yis ガラス　割れる keu zheug て、風がよく通るようにした。

 （58'）xe 'go <u>cak</u> Vi,' long 'gyeu keu zheug.
    ガラスを割って、風がよく通るようにした。

　以上をまとめると、アムド・チベット語の「有対自動詞＋geu zheug」は被使役者が被使役者となるモノが変化できる環境や条件を作ることによって間接的に働きかけて変化を引き起こしたことを表す。それに対してその有対自動詞と対立する他動詞文は動作主が自ら手を下して直接的に働きかけて客体となるモノの変化を起こしたことを表す。前者を「間接的働きかけ」と呼び、後者を「直接的働きかけ」と呼ぶ。
　アムド・チベット語の場合有対自動詞をさらに使役化することができるということは、次のように「自動詞文」とそれに対立する「他動詞文」、その自動詞を使役化した「使役文」が存在することを意味する。

  A．ma ni khor　　　　　　→　マニ車が回る。
  B．ma ni 'kor　　　　　　 →　マニ車を回す。
  C．ma ni khor 'geu zheug　→　マニ車を回す。

　つまり、アムド・チベット語は、ＢとＣのようにモノに対する働きかけ方は「直接的働きかけ」かそれとも「間接的働きかけ」かによって表現が異なるが、日本語はＢとＣの訳でもわかるように「直接的働きかけ」も「間接的働きかけ」も同じ他動詞を使って表現するのが一般的である。
　このＢとＣにＡを加えていえば、アムド・チベット語は、モノが自ら変化する／他者の直接的働きかけによってモノが変化する／他者の間接的働きかけ

によってモノが変化するという三項が対立しているが、日本語はモノが自ら変化する／他者の働きかけによってモノが変化するという二項しか対立しない。ここではそれぞれ「二項対立」と「三項対立」と呼ぶ。

しかし、上の例文（56）で述べたように日本語も、有対自動詞であっても「縮ませる」、「固まらせる」、「流れさせる」のように使役化することが可能な場合があるが、これは変化主体に自発性がある場合のみに限られており、例外と位置付ける。また人によってはこれらの例外的な有対自動詞が述語となる使役表現は自然に感じることもある。したがって、ここでは言えるのは日本語は「二項対立」が主流であることである。

ところが、両言語には「沸騰する／'deu」や「爆発する／kat」のように無対自動詞があるが、これらの動詞はともに使役化することができる。したがって次のように対立する他動詞がないため、「二項対立」にしかならない。

    A．沸騰する　　→　'deu　　　　　　爆発する　→　kat
    B．沸騰させる　→　'deu 'xeu zheug　爆発させる→　kat keu zheug

上の例文（41）と（42）で述べたように、「爆竹を爆発させる」は〈変化の引き起こし〉を表す。この〈変化の引き起こし〉とは基本的に使役者が被使役者であるモノに「加熱する」、「点火する」のように「間接的働きかけ」を行うことによって、その変化主体の変化を引き起こしたことを表す。また「皆を驚かせるために爆竹を爆発させた」というように「爆発させる」が手段としても使えることから「直接働きかけ」を表す他動詞的な役割も果たしていると思われる。

以上をまとめるとモノの動きを表す動詞には有対無意志動詞があるが、日本語は、有対自動詞に「-aseru／saseru」を付けることができない。一般的にモノの状態を変化するように働きかけることを表すには、対立する他動詞を使うのが一般的である。なお、有対自動詞であっても、変化主体であるモノが自発性を持っている場合は使役化することが可能であるが、ここでは例外として位置付ける。一方、アムド・チベット語は有対自動詞に「geu zheug」を付けて使役化しても自然な文となり、語用論的意味として〈奇跡の引き起こし〉を表

す。有対自動詞に「geu zheug」を付けた文とその有対自動詞に対応する他動詞文の違いは、使役者あるいは動作主の働きかけ方は間接的か、それとも直接的かにある。したがって、有対自動詞は、アムド・チベット語は「三項対立」になるが、日本語は「二項対立」になる。無対自動詞の場合は二項対立」になる。

〈2〉 コトの動きを表す無意志動詞の場合

　日本語はコトの動きを表す動詞のほとんどは対立する他動詞を持たず、そのほとんどは「発展する」のようないわゆる「漢字動詞」であり、文の中では次の例文（59）aのように自動詞的に使われているが、それをさらに使役化することによって、例文（59）bのように使役者である「国民が一丸となって」働くことによって、被使役者である「経済」を発展する状況に変化させたという〈変化の引き起こし〉の意味を表す。

　　（59）a．経済が発展した。
　　　　　b．国民が一丸となって経済を発展させた。

　一方、アムド・チベット語は、コトの動きを表す場合のコトは「phet 'gyi（発展）」のように「phel（増える）」と「'gyi（栄える）」というほぼ同じ意味を表す別々の自動詞を複合して名詞化してできているものが多く、ここでは「複合動作名詞」と呼ぶ。これらの複合動作名詞に次の例文（59'）のa、bのように「'xeu　gyo」という「格助詞＋行く」の要素を付けて自動詞化し、「'xeu 'tong」という「格助詞＋する」の要素を付けることによって他動詞化することができる。ちなみに自他動詞化する要素「'xeu　gyo」と他動詞化する要素「'xeu 'tong」は非過去形であり、それと対立する過去形はそれぞれ「'xeu song」と「'xeu tang」である。

　　（59'）a．hwa jor pel 'gyi a song
　　　　　　　経済　発展　a song
　　　　　　　経済が発展した。

b. sthang ma 'dok 'tsa 'ceug dreul yi ni hwa jor <u>pel 'gyi 'xeu tang</u>
皆　　　一丸になっ　　　　経済発展　a tang
皆が一丸となって経済を発展させた。

　この例文（59'）のaとbは上の日本語の例文（59）のaとbに対応することからわかるように、自動詞化する要素「～a song」を使った例文（59'）aの下線部の「phel 'gyi a song」という語は「発展した」に対応しており、他動詞化する要素「～a tang」を使った例文（59'）bの下線部の「phel 'gyi a tang」という連語は「発展させた」に対応している。両言語には他にも次のように、このような対応関係を持つ連語と動詞が多数存在する。

　　　自動詞的な連語　　　他動詞的な連語　　　自動詞　　使役形
　　　kyhap 'bal keu gyo　　kyhap 'bal keu 'tong　　普及する　普及させる
　　　yar 'gyi 'xeu gyo　　　yar 'gyi 'xeu 'tong　　　発展する　発展させる
　　　nyam 'geul keu gyo　　nyam 'geul keu gyo'tong　滅びる　　滅びさせる

　ところが、アムド・チベット語は、モノの動きを表す有対自動詞をさらに使役化することが可能であるように、これらの自動詞的な連語も次の例文（59'）cのように使役化することができる。

　（59'）c. sthang ma 'dok 'tsa 'ceug dreul yi ni hwa jor pel 'gyi a <u>'gyo 'xeu zheug</u>
　　　　　皆　　　　一丸となって　　　経済発展　　　　　a 'gyo 'xeu zheug
　　　　　皆が一丸となって経済を発展させた。

　この例文（59'）の和訳でわかるように、「自動詞的な連語＋geu zheug」も他動詞的な連語と同様に日本語では「～-aseru／saseru」に対応している。つまり、日本語はコトの動きを表す動詞も「二項対立」であるが、アムド・チベット語は「三項対立」になる。ここで「発展する」というコトの動きを表す動

詞を例にしていえば、日本語とアムド・チベット語の対応関係は次のようになっている。

$$
\begin{cases}
発展する \quad\quad yar\ \text{'gyi}\ \underline{\text{'xeu gyo}} & （自動） \\
発展させる \begin{cases} yar\ \text{'gyi}\ \underline{\text{'xeu 'tong}} & （他動） \\ yar\ \text{'gyi}\ \underline{\text{'xeu gyo 'xeu zheug}} & （使役） \end{cases}
\end{cases}
$$

この「他動詞的な連語」と「自動詞的な連語＋geu zheug」はモノの動きを表す場合と同様に主語の位置にある人間のコトに対する働きかけ方が間接的か、それとも直接的かは異なる。

2.2.5 本節のまとめ

モノの変化を表す有対無意志自動詞が述語となる場合、日本語は基本的に「-aseru／saseru」と共起できない。一方、アムド・チベット語は、有対無意志自動詞を使役化しても自然な文となり、語用論的意味として〈奇跡の引き起こし〉を表す。日本語ではこの〈奇跡の引き起こし〉を表すにも有対無意志自動詞と対立する他動詞文を使うのが一般的である。

また、アムド・チベット語は、「自分が自分を〜geu zheug」という文型を使って、使役者と被使役者が同じ人間である使役表現を作ることが可能であり、使役者が自分の状態を別の状態にすることを、あたかも使役者が自分に働きかけて、自分の状態を通常の状態から別の状態に変化させるように表現する。一方、日本語の場合は使役者と被使役者は同じ人間にすることができないが、被使役者の位置に使役者の体の一部である「耳」などを据えることが可能であり、使役者が被使役者を間接的に働きかけるのではなく、直接的に動かすことを表す。

アムド・チベット語の場合、こうした意味は対応する他動詞で表すのが一般的であるが、「'kong nga xul keu zheug（足を滑らせる）」のように、被使役者の位置に使役者の体の一部を据えることが可能な場合もあり、「滑らせる」と「震わせる」が意図性の無い自動詞としても意図性のある他動詞としても使え

る日本語と違って、アムド・チベットでは意図性のある他動詞的にしか使えない。

両言語にもモノの動きを表す有対無意志動詞（例えば「割れる／chak」）があるが、日本語は、有対自動詞は「-aseru／saseru」と共起できない。一般的に、モノの状態を変化するように働きかけることを表すには、対立する他動詞を使うのが一般的である。なお、有対自動詞であっても、変化主体であるモノが自発性を持っている場合（例えば「固まる」）は使役化することが可能であるが、ここでは例外として位置付ける。一方、アムド・チベット語は、有対自動詞に「geu zheug」を付けて使役化することが可能であるが、有対自動詞に「geu zheug」を付けた文とその有対自動詞に対する他動詞文の違いは、使役者あるいは動作主の働きかけ方が間接的か、それとも直接的かにある。日本語は、有対無意志自動詞を使役化することができないため、「直接働きかけ」も「間接働きかけ」も他動詞を使って表現するのが一般的である。したがって、有対自動詞の場合は次の〈表-2〉のようにアムド・チベット語は「自動詞／他動詞／自動詞＋使役態」というように「三項対立」となるが、日本語は自他の「二項対立」となる。

〈表-2〉

	アムド・チベット語	日本語
モノが自ら変化する	有対自動詞	有対自動詞
他者の直接的働きかけを受けてモノが変化する	有対他動詞	有対他動詞
他者の間接的働きかけを受けてモノが変化する	有対自動詞＋geu zheug	

コトの動きを表す動詞の場合も同じ傾向がみられる。日本語はコトの動きを表す動詞は漢字動詞からなる自動詞的なものが多く、これらの漢字動詞を使役化することで「二項対立」となる。一方、アムド・チベット語は複合動作名詞にそれぞれ「'xeu gyo」と「'xeu 'tong」という要素を付けることによって自他の対となるが、その自動詞的連語をさらに使役化することも可能であるため「自動詞的な連語／他動詞的な連語／自動詞連語＋使役態」という「三項対立」

になる。その「他動詞的な連語」と「自動詞的な連語＋geu zheug」もモノの動きを表す場合と同様に主語の位置にある人間のコトに対する働きかけ方は間接的か、それとも直接的かは異なる。

3．本章のまとめ

　本章では日本語とアムド・チベット語の「直接関与型使役表現」における共通点と相違点を、意志動詞と無意志動詞が述語になる場合に分けて論じた。〈動作の引き起こし〉と〈変化の引き起こし〉は、それぞれ意志動詞と無意志動詞が述語になる場合の直接関与型使役表現の基本的意味として位置付けたが、その基本的意味は実際の会話の中では、話し手の捉え方によってさまざまな語用論的意味として使われている。

　本章ではまず、意志動詞が述語となる場合の両言語に共通する語用論的意味の分類を試みた。

　話し手が使役者や被使役者の「心境」に関心を持たず、ただ単に使役者が被使役者に働きかけ、その働きかけを受けた被使役者が自らの意志である行為をすると捉える場合の語用論的意味を、〈動作の引き起こし〉と区別して〈誘発〉と呼んだ。

　話し手が「被使役者の心境」を前面化して捉える場合、二つの語用論的意味が生じる。つまり、使役者が被使役者にある行為をさせることは被使役者の望みや気持ちに反することであると捉えると〈強制〉の語用論的意味となり、使役者が被使役者にある行為をさせることは被使役者の望みや気持ちに沿うことであると捉えると〈好意〉の意味となる。

　話し手が「使役者の心境」を前面化して捉えると三つの語用論的意味が生じる。つまり、「被使役者の心境」を視野に入れながら、話し手が使役者の働きかけは被使役者の望みや気持ちに反すると捉えた上、さらに「使役者の心境」を前面化して、使役者が意図的に被使役者の望みや気持ちに反することをやらせると捉えると〈意地悪〉の意味となり、使役者が被使役者にある行為をさせることは被使役者の望みや気持ちに沿うと捉えた上、使役者が「利益付与」のために困難や不利な立場にある被使役者の望みが実現できるようなことをやらせると捉えると〈思いやり〉の意味になる。ところが、話し手が使役者の働き

かけは被使役者の望みや気持ちに反するかそれとも沿うかに無関心で、「使役者の心境」を前面化し、使役者が被使役者にあることをやらせたのは事実であるが、それは使役者本来の意図によるものではないと捉えると〈不本意〉の意味になる。

　本研究ではこれらの語用論的意味のうち〈動作の引き起こし〉の基本的意味に当たる〈誘発〉は直接関与型使役表現の核心的意味として位置付け、〈強制〉と〈好意〉はその核心的意味を軸にした意味を中心的意味、その中心的意味から派生した〈意地悪〉、〈思いやり〉、〈不本意〉の意味を周辺的意味として位置付ける。

　意志動詞が述語となる直接関与型使役表現は以上の語用論的意味を表せる点では両言語は共通しているが、以下のような相違点がみられる。

　アンケート調査の結果によると、「太郎は次郎に絵をかかせた」のような必須項だけでできている使役表現は、アムド・チベット語ネイティブスピーカーは〈動作の引き起こし〉という基本的意味通りの〈誘発〉として捉えるのが一般的であるが、日本語ネイティブスピーカーは単純に〈動作の引き起こし〉より〈動作の引き起こしプラスアルファ〉という何かの色を付けて捉える人が多く、〈好意〉より〈強制〉と捉える人が多いという傾向がある。それは、「スル」より「ナル」の表現を好み意図性のある「スル」の表現を控えめにする日本語では、使役者が被使役者にあることをやらせるのは「迷惑付与」と捉えやすく、「利益」に捉えにくいことも当然なことだと考えられる。一方、アムド・チベット語にはそのような社会的な制約がないため、目上を被使役者に据えて「学生は先生に推薦状を書かせた」のような表現も可能となる。

　一般的に、〈強制〉や〈好意〉などの語用論的意味は、利害授受の方向からみるといずれも使役者から被使役者へ向かっており、「迷惑付与」、「利益付与」になる。しかし、話し手自身が被使役者になる場合あるいは被使役者の立場を取る場合、「迷惑受領」、「利益受領」となる。日本語の場合「迷惑受領」を表すには使役態に「〜られる」を付けたいわば使役受身を使って表現し、「利益付与」を表すには使役態に「〜てあげる」を付け、「利益受領」を表すには使役態に「〜くれる」を付けて表現する。一方、アムド・チベット語の場合「〜られる」、「〜てあげる」、「〜くれる」のような形態がないため、いずれの

場合も「keu jeug」を使って文を終わらせるのが一般的である。したがって、アムド・チベット語の「keu jeug」などは日本語の「〜させる」に対応すると同時に「〜させられる／〜させてあげる／〜させてくれる」にも対応するということが言える。

　ところが、アムド・チベット語の使役表現は、使役者が自分のために被使役者にお願いして何かをやらせるという〈依頼〉の意味を表すことが可能であるが、日本語ではできない。この場合「利益」が使役者から被使役者へ向かうのではなく、被使役者から使役者に逆戻りすることになる。こうした「利益逆戻り」を表す場合、日本語では「〜させる」という使役表現ではなく、「〜てもらう」を使って表現するのが一般的である。したがって、アムド・チベット語の「keu jeug」などは日本語の「〜てもらう」にも対応すると言える。

　日本語の「着せる」、「脱がせる」のようないわば「使役動詞」が使役表現の述語となる場合、使役者の被使役者が主語となる出来事に対する関わり方には「直接働きかけ」と捉える場合と「間接働きかけ」と捉える場合がある。前者は孫東周（2005）でいう〈語彙的他動〉であり、後者は意志動詞が述語となる直接関与型使役表現と同様に〈動作の引き起こし〉を表す。一方、アムド・チベット語は、使役者の被使役者が主語となる出来事に対する関わり方が「直接働きかけ」の場合に「他動詞」を使い、「間接働きかけ」の場合に「動詞＋使役態」を使って表現する。言い換えれば、日本語の使役動詞はアムド・チベット語の「動詞＋使役態」と対応すると同時に「他動詞」にも対応する。

　ところが、「（身動きできない）お前に口移しで飲ませる」のように被使役者が、自らの力では自分の動作を実現させることができない状況にある場合、「飲ませる」というのは使役者の直接的な動作とも読み取れるため、本研究では〈語彙的他動〉として考える。同じ状況の「飲ませる」は、アムド・チベット語は「動詞＋使役態」ではなく「他動詞」を使って表現する。〈語彙的他動〉も語用論的意味としては〈動作の引き起こし〉と同様に〈誘発〉、〈強制〉、〈好意〉、〈意地悪〉、〈思いやり〉、〈不本意〉などの意味に解釈できる。

　無意志動詞が述語となる場合の両言語に共通する語用論的意味の分類を試みた。まず、無意志動詞が述語となる場合の関与型使役表現の語用論的意味はその動詞の性質によって変わる。人間の心理的動きを表す無意志動詞が述語とな

る場合〈反応の引き起こし〉を表すが、その動詞は利害的に中立であるかそれとも本来利害性を含意されているかによって〈単なる反応の引き起こし〉、〈迷惑的反応の引き起こし〉、〈利益的反応引き起こし〉を表す。さらに話し手が「使役者の心境」を前面化し、使役者が被使役者の迷惑的な無意志的心理的動きを予想して、意図的に〈迷惑的反応の引き起こし〉をしたなら〈意地悪〉の意味を表し、また被使役者が不利な状況にあると捉えた上で、意図的に〈利益的反応の引き起こし〉をしたなら〈思いやり〉の意味を表す。使役者が被使役者の無意志的な心理的動きを予想しておらず、あるいは使役者の目的が別のところにあって、結果として無意志動作を引き起こしたと捉える場合〈不本意〉の意味になる。なお、本研究では〈単なる反応の引き起こし〉と〈迷惑的反応の引き起こし〉、〈利益的反応引き起こし〉を同じレベルのものだと考える。

　人間の生理的動きを表す無意志動詞にはその変化の主体にとって望ましくない意味を含意されていることが多い。こうした人間の生理的動きを表す無意志動詞が述語となる場合、使役者の実質的な働きかけによって被使役者にとって望ましくないある事態を引き起こすという〈事態の引き起こし〉の意味を表す。話し手が「使役者の心境」を前面化し、使役者がその被使役者にとって望ましくない生理的動きを予想しながら、その事態を引き起こしたと捉える場合は〈意地悪〉の意味になる。極端な状況では〈思いやり〉の意味を表すこともある。

　モノやコトの変化を表す無意志動詞が述語となる場合、〈変化の引き起こし〉の意味を表すが、手段としても使えるから他動詞的な役割を果たしていると考えられる。他動詞文は「直接引き起こし」のみを表すことに対し、無意志動詞が述語となる使役文は「直接引き起こし」も「間接引き起こし」も表す。

　無意志動詞が述語となる直接関与型使役表現は以上の語用論的意味を表せる点では両言語が共通しているが、以下のような相違点がみられる。

　モノの変化を表す有対無意志自動詞が述語となる場合、基本的に「-aseru／saseru」と共起できない。一方、アムド・チベット語は、有対無意志自動詞を使役化しても自然な文となり、語用論的意味として〈奇跡の引き起こし〉を表す。日本語ではこの〈奇跡の引き起こし〉を表すにも有対無意志自動詞と対立する他動詞文を使うのが一般的である。なお、日本語の有対自動詞の中にも変

第5章　直接関与型使役表現の意味　　129

化主体に自発性がある場合は使役化することが可能な場合があるが、ここでは例外として取り扱う。一方、アムド・チベット語は、有対自動詞に「geu zheug」を付けた文とその有対自動詞に対応する他動詞文の違いは、使役者あるいは動作主の働きかけ方は間接的か、それとも直接的かにある。日本語は、有対無意志自動詞を使役化することができないため、「直接働きかけ」の場合も「間接働きかけ」の場合も他動詞を使って表現するのが一般的である。したがって、アムド・チベット語は対となる自他動詞に「自動詞＋geu zheug」を付けて「自動詞／他動詞／自動詞＋使役態」というように「三項対立」となるが、日本語は自他の「二項対立」にしかならない。

　コトの動きを表す動詞も同じ傾向がみられる。日本語は、コトの動きを表す動詞は「漢字動詞」からなる自動詞的なものが多く、これらの漢字動詞を使役化することで「二項対立」となる。一方、アムド・チベット語は、複合動作名詞にそれぞれ'xeu gyo」と「'xeu 'tong」という要素を付けることによって自他の対となるが、その自動詞的連語をさらに使役化することも可能であるため、「自動詞的連語／他動詞的連語／自動詞的連語＋使役態」というように「三項対立」になる。その「他動詞的な連語」と「自動詞的な連語＋使役態」もモノの動きを表す場合と同様に主語の位置にある人間がコトに対する働きかけ方は間接的か、それとも直接的かは異なる。

　アムド・チベット語は、「自分が自分を〜geu zheug」という形を使って、使役者と被使役者が同じ人間である使役表現を作ることが可能であり使役者が自分の状態を別の状態にすることを、あたかも使役者が自分に働きかけて、自分の状態を通常の状態から別の状態に変化させるように表現する。一方、日本語の場合は使役者と被使役者は同じ人間にすることができないが、被使役者の位置に使役者の体の一部である「耳」などを据えることが可能であり、使役者が被使役者を間接的に働きかけるのではなく、直接的に動かすことを表す。アムド・チベット語はこうした意味は対応する他動詞で表すのが一般的であるが、「'kong nga xul keu zheug（足を滑らせる）」のように、被使役者の位置に使役者の体の一部を据えることが可能な場合もあるが、「滑らせる」と「震わせる」は意図性の無い自動詞的にも意図性のある他動詞的にも使える日本語と違って、アムド・チベットでは意図性のある他動詞的にしか使えない。

第6章　間接関与型使役表現の意味

　第3章でも述べたように間接関与型使役表現とは、被使役者が主語となる出来事が発生しようとしているとき、使役者がある態度を取ることによって関与するタイプの使役表現である。佐藤里美 (1986) の用語で言えば、動作源泉が被使役者の側にある場合の使役表現に相当する。本章ではこうした間接関与型使役表現の語用論的意味を、意志動詞が述語となる場合と無意志動詞が述語になる場合に分けて論じる。

1. 意志動詞が述語となる場合
　アムド・チベット語の間接関与型使役表現に対する研究は筆者の拙論のほかは見当たらないが、日本語では松下大三郎 (1924) が「使動の意義には拘束的意義と許容的意義とある」と「許容」の意味を指摘している。宮地裕 (1969) は使役表現の意味を5分類し、本研究でいう間接関与型使役表現の意味に当たる「ダレカが、ダレカの動作を許容することを表す」という〈許可〉という意味と「ダレカが、ダレカの自由放置を認めることを表す」という〈放置〉という意味を指摘した。佐藤里美 (1986) は〈許可〉と〈放置〉を認めた上で、〈放置〉をさらに「意図的放置」と「非意図的放置（放置＝不本意）」に分類している。本章ではこれらの研究成果を踏まえながら、両言語の共通点と相違点について論じる。

1.1　両言語に共通する語用論的意味
　結論から先に述べれば、意志動詞が述語となる場合、両言語とも共通して〈許可〉と〈放任〉という基本的意味を表すが、話し手が使役者の心境を前面化して、なぜ許可したのかあるいはなぜ放任したのかを問題にするとき、前者はさらに〈善意的許可〉、〈悪意的許可〉、〈不本意の許可〉に、後者も〈善意的放任〉、〈悪意的放任〉、〈不本意の放任〉という共通する語用論的意味に分類で

きる。以下ではそれぞれについて論じる。

1.1.1 許可

次の例文（1）は、被使役者である「息子」には「酒を飲む」という出来事を引き起こす願望があり、それに対して、支配的立場にある「父」が「息子が二十歳になったこと」を理由に、その願望の実現に向けて許可を与えたことを表す。

（1）息子が二十歳になったので、父は彼に酒を飲ませた。
　　　lo nyeu xe weut tang no 'xeu a pa 'xeu sheu le chang thong geu zheug
　　　息子　年　二十　なる　ので　父　'xeu　彼　　酒　飲む　geu zheug

この例文（1）のように被使役者に、ある出来事を引き起こそうという願望があり、その実現に向けて支配的立場にある使役者が許可を与えることを表す意味を〈**許可**〉と呼ぶ。この場合使役者と被使役者が父と息子のように統制と被統制の関係にあることを前提とする。本研究では〈許可〉を間接関与型使役表現の基本的意味の一つとして位置付ける。

こうした〈許可〉を表す使役表現は、その「使役者の心境」を前面化して捉える場合、使役者はなぜ許可したのかが問題となり、語用論的意味としてはさらに下位分類することができる。一般的に、被使役者の願望の実現に向けて使役者が許可を与えるということは、利害授受的観点から言えば「好意」を表す直接関与型使役表現と同様に「利益付与」と捉えられやすいが、使役表現には次の例文（2）のように使役者が被使役者の願望の実現に向けて許可を与える際に、結果的に迷惑をもたらすことを前もって予想しながら許可を与える場合がある。

（2）花子が休んではいけないことを知りながら、太郎は彼女を休ませた。
　　　han na ma hri meu chok no xi xi a ,ta ro geu ha na ko a ma hro
　　　'xeu zheug
　　　花子が休んではいけないことを知りながら、太郎 geu 花子　a　休憩
　　　'xeu zheug

　この場合話し手が「太郎の心境」を前面化して捉え、「花子を休ませたら」「花子」にマイナス的影響を及ぼすことを「太郎」が前もって予想し、そのようなマイナス的影響を及ぼすために〈許可〉を与えたことを表す。このように話し手が「使役者の心境」を前面化して捉え、使役者が被使役者にマイナス的影響を及ぼすために〈許可〉を与えることを**〈悪意的許可〉**と呼ぶ。
　これとは逆に、〈許可〉を表す使役表現には次の例文（3）のように使役者が被使役者の願望の実現に向けて許可を与える際に、結果的にも利益をもたらすことを前もって予想しながら許可を与える場合がある。

　（3）疲れ果てているのを見て、太郎は花子を休ませた。
　　　　chat li 'da yo no reug 'xi ha na ko a ma hro 'xeu zheug tang nga
　　　　疲れているのを見て　　　花子　　休む　　　　'xeu zheug tang nga

　この例文（3）は「花子」が「疲れ果てている」という不利な立場にいると捉えた上で、話し手が「太郎の心境」を前面化して捉え、「花子を休ませた」ら「花子」にプラス的影響を及ぼすことを「太郎」が前もって予想し、そのようなプラス的影響を及ぼすために〈許可〉を与えたことを表す。このように話し手が被使役者が不利な立場にいると捉えた上でその「使役者の心境」を前面化し、使役者が被使役者にプラス的影響を及ぼすために〈許可〉を与えることを**〈善意的許可〉**と呼ぶ。なお〈善意的許可〉の場合〈悪意的許可〉と違って「使役者の心境」を前面化するだけではなく、被使役者が不利な立場にいると捉えることもこうした意味を生み出す条件となる。
　ところが、こうした〈善意的許可〉を表すには日本語では恩恵の授受を表す「〜てあげる」という補助動詞を使うのが一般的であるが、アムド・チベット

語にはこのような補助動詞がないため、使役態である「'xeu zheug」で文を終わらせて表す。この点では両言語が異なる。
　さらに次の例文（4）は本来なら「彼を休ませる」つもりはないが、「彼が風邪を引いたので」止むを得ず「彼を休ませた」ことを表す。このように話し手が「使役者の心境」を前面化して、被使役者にあることをする許可を与えるのは使役者にとって不本意であることを〈**不本意の許可**〉と呼ぶ。

　　（4）彼は風邪を引いたので、休ませるしかなかった。
　　　　keu 'geu cham ba hok tang no 'xeu ma hro 'xeu zheug 'gyo meu da me ta
　　　　彼　風邪を引いたので　　休む　　　　　　　'xeu zheug　しかなかった

1.1.2 放任

　次の例文（5）は、被使役者である「囚人」が自らの意志によって「逃げる」という行為を引き起こそうとしている（あるいは引き起こしている）ことを、使役者である「看守」が妨げようとすればできるのに、そうせずに「見ぬふりをして」成り行きに任せたことを表す。

　　（5）看守は見ぬふりをして囚人を逃げさせた。
　　　　tson hrong geu ma reug kho ci ni tson ma bro geu zheug
　　　　看守　　　 geu 見ぬふりをして　　囚人 逃げる　geu zheug

　このように被使役者が自らの意志によってある行為を引き起こそうとしているあるいは引き起こしていることに対して、使役者が妨げようとすればできるのに、そうせずに成り行きに任せる意味を〈**放任**〉と呼ぶ。
　この場合も〈許可〉と同様、使役者と被使役者が看守と囚人のように統制と被統制の関係にあることを前提とするが、〈許可〉の場合は使役者が、被使役者が主体となる出来事の発生に許可を与えるという形で積極的に関与するのに対して、〈放任〉の場合は被使役者が主体となる出来事の発生を妨げないで成

り行きに任せる形で消極的に関与するという点が異なる。
　ところが、例文（5）の中の「見ぬふりをして」という〈放任〉をはっきりさせる語句を差し引くと次の例文（5'）のように〈放任〉という意味に解釈しにくくなる。

　　（5'）看守は囚人を逃げさせた。
　　　　　tson hrong geu tson ma bro geu zheug
　　　　　看守　　　geu 囚人　逃げる　geu zheug

　したがって、「使役態＋テンス」の形で文が終わっている場合は両言語とも「見ぬふりをして」「知らないふりをして」「そのまま」のような放任を示す語句と共起する必要があることがわかる。ところが、次の例文（5"）のように「使役態」の後ろにそれぞれ日本語の「〜ておく」とアムド・チベット語の「〜'xi zhak*¹」という形式を付けると同じように〈放任〉を表すことになる。

　　（5"）看守は囚人を逃げさせておいた。
　　　　　tson hrong geu tson ma bro geu zheug 'xi zhak
　　　　　看守　　　geu 囚人 逃げる　geu zheug 'xi zhak

　なお、この例文（5"）の場合は被使役者が引き起こしている行為は使役者が〈放任〉しているものの、まだその被使役者の行為は使役者のコントロールできる範囲にある点が、例文（5）の場合と異なる。ここでは例文（5"）のように使役者が被使役者の行為をコントロールできる範囲で放任する場合の意味を〈統制内の放任〉と呼び、例文（5）のように使役者が被使役者の行為を成り行きに任せたものの、その行為が使役者のコントロールできる範囲にあるかどうかは不明な場合の意味を〈非統制内の放任〉と呼ぶ。

　＊1　「'xi　zhak」の「'xi」は日本語の接続助詞「て」に相当し、直前の音によって「Vi」「ri」「mi」「yi」などに変化する。「zhak」は「置く」の意味を表す動詞の完了形で、非完了形は「jok」で表す。

第6章　間接関与型使役表現の意味　　135

こうした「～ておく／～'xi zhak」があるなしではアスペクト的意味が異なる。つまり、使役者の位置にある人間が、被使役者が主体となる出来事をどの段階で放任したかを問題にすると、「使役態＋テンス」だけで文が終わっている上の例文（5）は、「囚人」が自らの意志によって「逃げる」という行為を引き起こそうとしている、または引き起こしていることを放任したことを表す。ここでは前者を〈**発生放任**〉と呼び、後者を〈**進行放任**〉と呼ぶ。一方、「～ておく／～'xi zhak」を付けている使役表現は被使役者が自らの意志によってある行為を引き起こしていることを、使役者が成り行きに任せるという〈進行放任〉の意味を表し、しかも使役者の位置にある人間がいつでもその被使役者が主体となる出来事を妨害できる状況にあるため、〈統制内の進行放任〉の意味を表すことになるが、〈発生放任〉を表すことができない。つまり、例文（5"）で言えば、使役者である「看守」は「囚人」が自らの意志ですでに引き起こしている「逃げる」行為をいつでも妨げしよう思えばできるのに、そうせず放任したという〈統制内の進行放任〉の意味にはなるが、「囚人」が自らの意志で「逃げる」行為を引き起こそうとしているのを放任したという〈発生放任〉の意味にはならない。

　本研究ではこうした〈放任〉を間接関与型使役表現のもう一つの基本的意味の一つとして位置付ける。こうした〈放任〉を表す使役表現は、その「使役者の心境」を前面化して捉える場合、〈許可〉の場合と同様に使役者がなぜ放任したのかが問題となり、語用論的意味としてはさらに下位分類することができる。一般的に、統制者的立場にある使役者が被使役者の引き起こしている行為を妨げようと思えばできるのに、そうせず成り行きに任せることは、利害授受的観点から言えば「利益付与」と捉えられやすいが、使役表現には次の例文（6）のように使役者が被使役者の引き起こしている行為を妨げず、結果的に被使役者に迷惑やマイナス的影響をもたらすことがあり、使役者がそうした結果を前もって予想しながら放任する場合がある。

（6）太郎は見ぬふりをして、子供たちに汚い川の水を飲ませておいた。
　　　　ta ro 'xeu ma reug kho yi ni sha yi cho cheu 'nyok thong
　　　　geu zheug 'xi zhak
　　　　太郎 'xeu 見ぬふりをして　子供たち　汚い川の水　飲む
　　　　geu zheug 'xi zhak

　この例文（6）は話し手が「太郎の心境」を前面化して捉えると、「汚い川の水を飲んでいる」のを「見ぬふりをして」放任すれば「子供たち」にマイナス的影響を及ぼすことを使役者の位置にある「太郎」が前もって予想し、そのようなマイナス的影響を及ぼすため意図的に「見ぬふりをして」〈放任〉したことを表す。
　このように話し手が「使役者の心境」を前面化して捉え、使役者が被使役者にマイナス的影響を及ぼすために〈放任〉することを**〈悪意的放任〉**と呼ぶ。
　これとは逆に、次の例文（7）のように使役者は被使役者が引き起こしている行為を妨げないことは、結果的には被使役者に利益やプラス的影響をもたらすことがあり、使役者がそうした結果を前もって予想しながら放任する場合がある。

　　（7）やっと受験が終わったので母は子供を遊ばせておいた。
　　　　'gyeug lang tshar song no 'xeu a ma 'xeu sha yi 'tse 'xeu zheug
　　　　'xi zhak
　　　　受験が終わったので　　　　　母　　　　子供　遊ぶ 'xeu zheug
　　　　'xi zhak

　この例文（7）は話し手が使役者である「母の心境」を前面化し、これまで受験の準備で苦労してきた「子供」の「受験がやっと終わった」ことを理由に、思いやりの気持ちで「子供を遊ばせておいた」ことを表す。
　このように話し手が「使役者の心境」を前面化し、使役者が思いやりの気持ちで被使役者の願望に基づく動作の実現を妨げず、成り行きに任せることを**〈善意的放任〉**と呼ぶ。

次の例文（8）は本来なら「毎日遊ばせておく」つもりはないが、「自分が子供に勉強の指導ができず」止むを得ず「毎日遊ばせておいた」ことを表す。このように話し手が「使役者の心境」を前面化して、被使役者の動機に基づく動作の実現を妨げないことが使役者にとって不本意であることを表す意味を〈**不本意の放任**〉と呼ぶ。

（8）自分が子供に勉強の指導ができず、毎日遊ばせておいた。
　　　rang geu sha yi a 'tsop ma xi a nyeun 'gyang nga 'tse 'xeu zheug 'xi zhak
　　　自分 geu 子供 教える　できず　　　毎日　　　遊ぶ 'xeu zheug 'xi zhak

　こうした意志動詞が述語となる間接関与型使役表現の〈悪意的放置〉、〈善意的放置〉、〈不本意の放置〉は、いずれもただ単に話し手が「使役者の心境」を前面化して捉える場合の語用論的意味であるが、話し手が使役者と被使役者の社会的人間関係まで視野に入れ、親と子、医者と患者のように使役者には被使役者にとって望ましくないことの発生を妨げる義務があると捉える場合、使役者を「無責任」だと責めるニュアンスが前面に出る場合がある。
　上の例文（6）を、「子供たちに汚い川の水を飲ませる」ことは子供にとってマイナス的影響を受けることで、子供の立場に立つ話し手にとっても望ましくないことであると捉え、使役者の位置にある「太郎」にはその出来事の発生や進行を妨げる義務があると捉えられる場合、話し手が使役者の位置にある「太郎」を責めるニュアンスが前面に出る。また例文（8）の場合も、「子供が毎日遊んでいる」ことがその出来事の主体である子供にとって望ましくないことで、使役者にはそのような出来事の発生や進行を妨げる義務があると捉えられる場合、話し手が使役者の位置にある話し手自身を責めるニュアンスが前面に出る。
　ここでわかるように使役者を責めるニュアンスが前面に出るのは〈悪意的放任〉と〈不本意の放任〉の場合のみであり、当然ながら「善意的放任」の場合そうしたニュアンスが前面に出ることはありえない。むしろ例文（7）のよう

に思いやりのニュアンスが前面に出る。

1.1.3　まとめ

　ここでは、日本語とアムド・チベット語の場合の意志動詞が述語となる間接関与型使役表現の意味における共通点について論じた。両言語における意志動詞が述語となる間接関与型使役表現の共通する基本的意味は、日本語に対する先行研究の成果を踏まえて〈許可〉と〈放任〉に分類することができるが、話し手が「使役者の心境」を前面化して捉える場合、さらに次のような共通する語用論的意味が生じる。

$$
\text{許可} \begin{cases} \text{悪意的許可} \\ \text{善意的許可} \\ \text{不本意の許可} \end{cases} \quad \text{放任} \begin{cases} \text{悪意的放任} \\ \text{善意的放任} \\ \text{不本意の放任} \end{cases}
$$

　なお、〈放任〉は話し手が使役者と被使役者の社会的人間関係まで視野に入れ、親と子、医者と患者のように使役者には被使役者にとって望ましくないことの発生を妨げる義務があると捉える場合、使役者を責めるニュアンスが前面に出る場合があるが、このニュアンスが前面に出るのは〈悪意的放任〉と〈不本意の放任〉の場合のみであり、「善意的放任」の場合はむしろ思いやりのニュアンスが前面に出る。

　また〈放任〉は「使役態＋テンス」の形で文が終わっている場合は両言語とも「見ぬふりをして」「知らないふりをして」「そのまま」のような放任を示す語句と共起する必要があり、「使役態」の後ろに「〜ておく／〜'xi zhak」を付けると同じように〈放任〉を表すようになる。なお、「使役態＋〜ておく／〜'xi zhak」の場合〈統制内の進行放任〉を表すのに対し、「使役態＋テンス」の場合〈発生放任〉と〈進行放任〉を表す点が異なる。

1.2　意志動詞が述語になる場合の両言語の相違点

1.2.1　語用論的意味における違い

　次の日本語の例文（9）では使役者である「彼」は積極的に「その一個のパ

ンを彼女に」渡すなどして「食べさせた」ことを表す。これはいわば動作源泉が使役者にある直接関与型としての〈好意〉という意味の解釈である。

（９）彼はその一個しかないパンを彼女に食べさせた。

この例文（９）をアムド・チベット語に訳すと次の例文（９'）になるが、語用論的意味としては二通りの解釈が可能となる。

（９'）kheu 'geu ko ri 'ceug ko meu 'ge 'sa 'xeu zheug
　　　　彼　'geu パン　一個　彼女　食べる' xeu zheug

つまり、一つは日本語の場合と同様に使役者である「kheu 'geu（彼）」は積極的に「ko ri 'ceug ko meu 'ge（その一個のパンを彼女に）」渡すなどをして「'sa 'xeu zheug（食べさせた）」という〈好意〉という意味の解釈である。もう一つは、「kheu 'ge（彼）」にもパンを食べたいという願望があり、奪い合えば「彼」にもその「パン」を得るチャンスはあるが、パンが一個しかないことを理由にそれを奪い合うことを断念し、「meu 'ge（彼女）」に譲ったという解釈ができる。この場合一個しかないパンを「kheu 'ge（彼）」が奪い合おうとしなければ、そのパンを自然に「meu 'ge（彼女）」が食べられるようになる状況であることを前提とする。

このように使役者にも、被使役者が主体となる出来事の発生によって生じる利益を得る願望があるが、利益が一つしかないため、その利益を競い合うことを断念し、被使役者に譲ることを〈**譲歩**〉と呼ぶ。

（10）ngi ong 'kyak ti thok Va a yi teu 'tsok keu zheug
　　　　私　席　あの　上　　Va そのお婆さん　座らせる
　　直訳：私はあの席にお婆さんを座らせた（あの席をお婆さんに譲った）。

このアムド・チベット語の例文（10）の場合も語用論的意味としては二通りの解釈が可能である。つまり、使役者である「ngi（私が）」は身動きの鈍い「a yi teu（そのお婆さん）」を積極的に扶助するなどをして「'tsok keu zheug（座らせた）」と捉える場合は〈好意〉という意味になるが、扶助などはせず座っていた席から離れてその席をお婆さんに譲る、または、一つしかない席に座ることを競い合うこと断念することによってその席をお婆さんに譲ると捉える場合は〈譲歩〉という意味になる。この例文（10）の直訳でもわかるように日本語の場合〈譲歩〉という意味を表すには「あの席をお婆さんに譲った」のような表現を使うのが一般的である。

　こうした〈譲歩〉も利害授受の観点から言うと直接関与型使役表現の〈好意〉という語用論的意味と同様に「利益付与」になるが、〈譲歩〉は使役者にも被使役者が主体となる出来事の発生によって生じる利益を得る願望がありながら被使役者に「利益付与」したことを表すのに対して、〈好意〉は使役者にその利益を得る願望があるかどうかは不明である。また〈好意〉は使役者が被使役者に「利益付与」するために積極的にある行動をとるのに対し、〈譲歩〉は使役者が被使役者に「利益付与」する手段は消極的で、基本的には一つしかないその利益を奪い合うことを断念するという内心的動きに留まることが多い。

　使役者がその利益を得ることを断念するとは、非使役文が表す出来事の発生を成り行きのままにすることも示唆しているため、〈善意的放任〉の場合とも共通する点が見られる。しかし、〈譲歩〉は被使役者が主体となる出来事の発生によって生じる利益は、使役者にとっても被使役者にとっても利益になるものであるが、〈善意的放任〉の場合は被使役者にとってしか利益にならない点で異なり、また、使役者と被使役者が統制と被統制の関係にあることを前提とするような制約がない点も〈放任〉と異なる。

1.2.2　放任を表す文型の違い

　〈放任〉を表すのに日本語とアムド・チベット語には放任を示す語句が伴う「使役態＋テンス」の形をしている文と「使役態＋〜ておく／〜'xi zhak」の形をしている文があり、前者は〈発生放任〉と〈進行放任〉を表すのに対し、後者は〈統制内の進行放任〉を表すという両言語の共通点については述べた。しかし、アムド・チベット語には、こうした〈放任〉を表すものには次の例文

(11)のようなもう一つの文型がある。

 (11) kheu 'geu meu 'ge 'sa na 'sa 'xeu zheug
   彼　'geu 彼女　e 食べる na 食べる 'xeu zheug
 直訳：彼は彼女に食べるなら食べさせた（彼が彼女に食べさせておいた）。

　この例文の直訳の「食べるなら食べさせた」でもわかるように日本語では不自然な文になり、〈放任〉を表すには「食べさせておいた」のように「使役態＋〜ておく」で表すのが一般的である。一方、アムド・チベット語では〈放任〉を表すには「使役態＋〜ておく」が使われると同時に「動詞 na 動詞 geu zheug」のように仮定的文型*2 も頻繁に使われる。ここでは〈放任〉を表す仮定的文型を「**仮定的使役表現**」と呼び、例文（11）のように「見ぬふりをして」のような放任を示す語句が伴わなくても、〈放任〉という意味を表すことができるため、最も典型的〈放任〉を表す文型として考える。
　この「仮定的使役表現」はアスペクト的意味としては「meu 'ge（彼女）」が自らの意志で「'sa（食べる）」という行為を引き起こそうとしているのをいつでも妨げようとすればできるのに、「kheu 'geu（彼）」がそうせず放任したという〈統制内の発生放任〉を表す。〈進行放任〉を表すには、次の例文（12）のように「仮定的使役表現」の「使役態」にさらに「〜'xi zhak」を付けなければならない。

 (12) a ma 'xeu sha yi 'tse na 'tse 'xeu zheug 'xi zhak
   母　'xeu 子供 na 遊ぶ na 遊ぶ 'xeu zheug 'xi zhak
 直訳：母は子供を遊ぶなら遊ばせた（母が子供を遊ばせておいた）

　こうして「〜'xi zhak」を付けることによって「sha yi（子供）」が自らの意志で「'ste（遊ぶ）」という行為をすでに引き起こしているのを、「a ma（母）」

 ＊2　アムド・チベット語の場合「kyho 'gyo na nga ra 'gyo（あなたが行くなら私も行く）」のように「na」が仮定を表す。

が妨げようとすればできるのに、そうせず放任したという〈統制内の進行放任〉という意味を表すようになる。

　また、上の例（11）は「kheu 'ge（彼）」にも食べたいという願望があるが、その食べ物を奪い合うことを断念して「meu 'ge（彼女）」に譲ったという〈譲歩〉という意味にも解釈ができる。そのため、「仮定的使役表現」は〈譲歩〉を表す機能があることもわかる。

　要するに、「仮定的使役表現」は最も典型的〈放任〉を表す文型と考えられ、「使役態＋テンス」の形で終わっている文は〈発生放任〉を表し、「使役態＋〜'xi zhak」の形で終わっている文は〈統制内の進行放任〉を表す。これは放任を表す語句が伴う「使役態＋テンス」の形をしている非仮定的文が同時に「発生放任」と「進行放任」を表せる点とは異なる。また、この「仮定的使役表現」は〈譲歩〉を表すことも可能である。

　なお、この「仮定的使役表現」の場合も話し手が使役者の位置にある人間の心境を前面化することによって「悪意的放任」、「善意的放任」、「不本意の放任」という語用論的意味を表せる点では、非仮定的文と同じである。

1.2.3　まとめ

　意志動詞が述語となるアムド・チベット語の間接関与型使役表現は、使役者が一つしかない利益を競い合うことを断念して被使役者に譲るという〈譲歩〉という意味を表すことができるが、日本語では使役表現で〈譲歩〉という意味を表すことができず、その意味を表すには「あの席をお婆さんに譲った」のような文を使う点では両言語が異なる。またアムド・チベット語の最も典型的〈放任〉や〈譲歩〉を表す文型は「仮定的使役表現」であり、「使役態＋テンス」の形で終わっている「仮定的使役表現」は〈統制内の発生放任〉を表し、「使役態＋〜'xi zhak」の形で終わっている文は〈統制内の進行放任〉を表す。これは放任を示す語句が伴う「使役態＋テンス」の形をしている非仮定的文が同時に〈発生放任〉と〈進行放任〉を表せる点とは異なる。

1.3　本節のまとめ

　本節では、日本語とアムド・チベット語の場合の意志動詞が述語となる間接

関与型使役表現の意味における共通点と相違点について論じた。こうした使役表現の基本的意味を〈許可〉と〈放任〉に分類し、その基本的意味を、話し手が使役者の心境を前面化して、なぜ許可したのかあるいはなぜ放任したのかを問題にするとき、さらに〈善意的許可〉、〈悪意的許可〉、〈不本意の許可〉、〈善意的放任〉、〈悪意的放任〉、〈不本意の放任〉に分類できる点では両言語が共通している。しかし、意志動詞が述語となるアムド・チベット語の間接関与型使役表現は、使役者が一つしかない利益を競い合うことを断念して被使役者に譲るという〈譲歩〉という意味を表すことができるが、日本語では使役表現で〈譲歩〉という意味を表すことができない。

〈放任〉は「使役態＋テンス」の形で文が終わっている場合は両言語とも「見ぬふりをして」「知らないふりをして」「そのまま」のような放任を示す語句と共起するのが一般的で、意味としては〈発生放任〉と〈進行放任〉を表す。また「使役態」の後ろに「〜ておく／〜'xi zhak」を付けることによって〈統制内の進行放任〉を表す点でも両言語が共通している。

なお、アムド・チベット語には〈放任〉や〈譲歩〉を表すもう一つの文型があり、本研究ではそれを「仮定的使役表現」と呼んだ。その「仮定的使役表現」と「非仮定的使役表現」は「使役態＋テンス」の形で終わっているかまたは「使役態＋〜'xi zhak」の形で終わっているかによってアスペクト的意味が異なる。その関係をまとめると次の〈表-1〉のようになる。

〈表-1〉

	両言語	アムド・チベット語
	非仮定的使役表現	仮定的使役表現
使役態＋テンス	発生放任	統制内の発生放任
	進行放任	
使役態＋〜'xi zhak	統制内の進行放任	統制内の進行放任

2．無意志動詞が述語となる場合

結論から先に言えば、無意志動詞が使役表現の述語となる場合は、意志動詞

が述語となる場合と違って〈許可〉という意味には解釈できないが、〈放任〉と似たような〈放置〉という意味には解釈できる。しかし、その無意志動詞が有情物の無意志的動きを表す動詞かそれとも無情物の無意志的動きを表す動詞かなどによって異なる特徴がある。以下では有情物の無意志動詞が述語となる場合と無情物の無意志動詞が述語となる場合に分けて論じる。

2.1　両言語に共通する語用論的意味
2.1.1　有情物の無意志的動詞が述語となる場合

〈1〉有情物の心理的動きを表す無意志動詞が述語となる場合

次の例文（13）は「興奮する／Ver lang」という人間の心理状態の変化を表す無意志動詞が述語となっており、「させる／geu zheug」だけで文が終わっている場合、直接関与型の〈反応の引き起こし〉という意味にしか解釈できない。

　　（13）太郎は次郎を興奮させた。
　　　　　ta ro 'xeu ji ro Veur lang geu zheug
　　　　　太郎 'xeu 次郎　興奮　　　geu zheug

また、人間の心理状態の変化を表す無意志動詞が述語となる場合は次の例文（13'）のように「見ぬふりをして」のような「放置を表す語句」を加えても間接関与型的に解釈することができず、文の自然ささえ落ち着かなくなる。これは「興奮する／Ver lang」という動詞は過程性の無い瞬間の変化を表す「瞬間的変化動詞」であるからだと考えられる。

　　（13'）？太郎は見ぬふりをして次郎を興奮させた。
　　　　　　？ta ro 'xeu ma reug kho yi ni ji ro Veur lang geu zheug
　　　　　　　太郎 'xeu 　見ぬふりをして　　次郎　興奮　　　geu zheug

人間の心理状態の変化を表す「瞬間的変化動詞」が述語となる使役表現を間

接関与型的に解釈するには、次の例文（13"）のように両言語とも使役態の後ろに「〜ておく／〜xi zhak」を付けて表さなければならない。

(13") 太郎は次郎を興奮させておいた。
　　　ta ro 'xeu ji ro Veur lang geu zheug 'xi zhak
　　　太郎 'xeu 次郎　　興奮　　　geu zheug 'xi zhak

　そうすることによって、被使役者の位置にある「次郎」の心理状態がすでに通常の状態から「興奮する／Ver lang」状態になっており、使役者の位置にある「太郎」が「次郎」のその興奮している心理的状態の継続を妨げようとすればできるのに、そうせずに放置したことを表す。
　こうした使役者の位置にある人間が、被使役者の位置にある人間の心理に起きている変化状態の継続を妨げようとすればできるのに、そうせずに放置したことを〈放任〉の場合と区別して〈**放置**〉と呼ぶ。本研究ではこうした〈放置〉を無意志動詞が述語となる間接関与型使役表現の基本的意味と位置付ける。
　この例文（13"）でもわかるように、「次郎」の心理状態がすでに通常の状態から「興奮する／Ver lang」状態になっているということは「次郎」の心理が何らかの刺激を受けた結果であり、その結果の継続を妨げようとすればできるのに、そうせずに放置したことを表すため、アスペクト的意味として〈統制内の結果継続放置〉を表す。
　こうした〈統制内の結果継続放置〉を表す使役表現を、話し手が「使役者の心境」を前面化して捉える場合、使役者がなぜ被使役者の心理に起きている変化状態を放置したのかが問題となり、上の例文（13"）を以下の語用論的意味に解釈することが可能となる。
　つまり、使役者の位置にある「太郎」が「次郎」のその興奮している心理的状態の継続をあえて妨害せずに放置することが結果的に「次郎」にマイナス的影響を及ぼすことを知りながら意図的に放置したと捉えることが可能である。このように話し手が「使役者の心境」を前面化して、使役者の位置にある人間が被使役者にマイナス的影響を及ぼすために、被使役者の位置にある人間の心

理に起きている変化状態の継続を妨害せずにあえて放置したという語用論的意味を〈悪意的放置〉呼ぶ。

それとは逆に、使役者の位置にある「太郎」が「次郎」のその興奮している心理的状態の継続を妨害せずに放置することは、結果的に「次郎」にプラス的影響を及ぼすことを知りながら意図的に放置したと捉えることも可能である。このように話し手が「使役者の心境」を前面化して、使役者の位置にある人間が被使役者にプラス的影響を及ぼすために、被使役者の位置にある人間の心理に起きている変化状態の継続を妨害せずに放置したという語用論的意味を〈**善意的放置**〉と呼ぶ。

また、使役者の位置にある「太郎」には「次郎」のその興奮している心理的状態の継続を妨げる意図があるが、ある事情によりそれを妨げることができずに放置したと捉えることも可能である。このように話し手が「使役者の心境」を前面化して、使役者の位置にある人間がある事情により、被使役者の位置にある人間の心理に起きている変化の状態継続を妨げることができず放置したという語用論的意味を〈**不本意の放置**〉と呼ぶ。

ところが、人間の心理的動きを表す無意志動詞の多くは「喜ぶ／'ga」や「悲しむ／'deug」のように本来利害性を含意している。「喜ぶ／'ga」のような本来利益性を含意する人間の心理的動きを表す無意志動詞が述語になる場合、次の例文（14）のように話し手が「使役者の心境」を前面化して〈善意的放置〉の語用論的意味として捉えやすいが、「喜ぶ」ことは、結果的に被使役者にマイナス的影響を及ぼすという極端な状況では〈悪意的放置〉という意味にもなりうる。

(14) 太郎は次郎を喜ばせておいた。
　　　ta ro 'xeu ji ro　'ga 'xeu zheug 'xi zhak
　　　太郎 'xeu 次郎 喜ぶ 'xeu zheug 'xi zhak

また、「悲しむ／'deug」のように本来迷惑性を含意する人間の心理的動きを表す無意志動詞が述語になる場合も、次の例文（15）のように話し手が「使役者の心境」を前面化して〈悪意的放置〉の語用論的意味として捉えやすい

が、「悲しむ」ことは、結果的に被使役者にプラス的影響を及ぼすという極端な状況では〈善意的放置〉という意味にもなりうる。

 (15) 太郎は次郎を悲しませておいた。
   ta ro 'xeu ji ro sem' deu keu zheug 'xi zhak
   太郎 'xeu 次郎 ϕ 悲しむ keu zheug 'xi zhak

 また、本来利害性を含意されていても、被使役者の位置にある人間の心理に起きている変化状態の継続を放置することは使役者の位置にある人間の本意ではなく、ある事情によりその被使役者の位置にある人間の心理に起きている変化状態の継続を妨げることができず放置したと捉えるなら〈不本意の放置〉という意味になることがある。
 この〈悪意的放置〉と〈不本意の放置〉は話し手が使役者と被使役者の社会的人間関係まで視野に入れ、使役者には被使役者にとって望ましくないことの発生を妨げる義務があると捉える場合、使役者を責めるニュアンスが前面に出るが、「善意的放置」の場合は思いやりのニュアンスが前面に出る。

〈2〉有情物の生理的変化を表す無意志動詞が述語となる場合
 次の例文(16)は「死ぬ／xeu」という人間の生理的動きを表す無意志動詞が述語となる間接関与型使役表現であり、意味としては二通りの解釈が可能となる。すなわち、太郎が何らかの形で働きかけて次郎を死なせたと捉える場合は直接関与型使役表現の〈変化の引き起こし〉という意味になるが、「次郎が死ぬ」という出来事が発生しようとしているのを、使役者の位置にある「太郎」が妨げなかったと捉える場合は間接関与型使役表現の〈放置〉という意味になる。

 (16) 太郎は次郎を死なせた。
   ta ro 'xeu ji ro xeu　'xeu zheug
   太郎 'xeu 次郎 ϕ 死ぬ 'xeu zheug

この例文 (16) は「使役態＋テンス」で終わっている文であるが、これを〈放置〉という意味に解釈できるのは述語となる動詞の性質によるものだと考えられる。つまり「死ぬ／xeu」という動詞は、前述した「興奮する／Ver lang」のような「瞬間的変化動詞」と違って、その変化を完成させるには、生きている状態から死んでいる状態に一歩一歩近づくという一定のプロセスが必要である。ここでは変化を表す動詞の変化を完成させるのに一定のプロセスが必要である動詞を一括して「**過程的変化動詞**」と呼ぶ。
　こうした「過程的変化動詞」が述語となる次の例文 (16') の場合は、「そのまま／de xe」のような放置の意味をよりはっきりさせる語句を付けることによって〈変化の引き起こし〉という意味には解釈できなくなり、使役者の位置にある「太郎」が「次郎が死ぬ」という出来事が発生しようとしている、あるいは発生しつつあるのを妨げなかったという〈発生放置〉と〈進行放置〉という意味にしかならないという点で例文 (16) とは異なる。

　(16')　太郎は次郎をそのまま死なせた。
　　　　 ta ro 'xeu ji ro te xe xeu 'xeu zheug
　　　　 太郎 'xeu 次郎そのまま死ぬ 'xeu zheug

　また、この過程性のある「死ぬ／xeu」という無意志動詞が述語となる場合、次の例文 (16'') のように使役態の後ろにさらに「～ておく／～xi zhak」を付けて〈放置〉を表すことも可能である。

　(16'')　太郎は次郎を（そのまま）死なせておいた。
　　　　 ta ro 'xeu ji ro (te xe) xeu　　'xeu zheug 'xi zhak
　　　　 太郎 'xeu 次郎 φ （そのまま）死ぬ 'xeu zheug 'xi zhak

　なお、この場合はアスペクト的意味としては、「そのまま／de xe」のような放置を示す語句のあるなしを問わず、「次郎」が死につつあるのを使役者の位置にある「太郎」が妨げようとすればできるに、そうせず放置したという〈統制内の進行放置〉という意味と、次郎がすでに死んでいるという結果の継

続を、使役者の位置にある「太郎」がそのまま放置したという〈結果継続放置〉という意味と両方を表し、例文（16）と（16'）の場合とアスペクト的意味が異なる。

　ところが、人間の生理的動きを表す無意志動詞なら全て「死ぬ／xeu」のように変化を完成するのに一定のプロセスを必要としているというわけではなく、次の例文（17）のように「怪我をする／'mi hok」のような瞬間的ものある。このような人間の生理的動きを表す「瞬間的変化動詞」が述語となる使役表現を、間接関与型的意味に解釈するには「使役態＋テンス」で終わっている文ではなく、使役態の後ろにさらに「～ておく／～xi zhak」を付けて表さなければならない。

　　（17）太郎は次郎を怪我させておいた。
　　　　 ta ro 'xeu ji ro 'mi hok keu zheug 'xi zhak
　　　　 太郎 'xeu 次郎 怪我する 'xeu zheug 'xi zhak

そうすることによって、アスペクト的意味としては、被使役者の位置にある「次郎」がすでに通常の状態から「怪我をする／'mi hok」状態になっており、使役者の位置にある「太郎」がその状態の継続を妨げようとすればできるのに、そうせずに放置したという〈結果継続放置〉を表すようになる。

　この例文（16''）と（17）を比較すると、「使役態＋テンス」で終わっている文を間接関与型的意味に解釈できるかどうか、また使役態に「～ておく／～xi zhak」を付けることによって表す異なるアスペクト的意味〈統制内の進行放置〉か〈統制内の結果継続放置〉は、使役表現の述語となる動詞が人間の生理的動きを表すか人間の心理的動きを表すかの問題ではなく、その動詞が表す変化が瞬間的ものかそれとも過程的ものかの問題であることがわかる。

　語用論的意味から考えると、一般的に間接関与型使役表現の述語になれる人間の生理的動きを表す動詞は、「死ぬ／xeu」や「怪我をする／'mi hok」のようにその変化の主体にとって望ましくないことを表すことが多い。上の例文（16）から（16''）のように〈放置〉という意味を表す使役表現を、話し手が「使役者の心境」を前面化して捉える場合、使役者の位置にある「太郎」が

被使役者の位置にある「次郎」にマイナス的影響を及ぼすために、「次郎が死ぬ」という出来事の発生を妨げずに放置したという〈悪意的放置〉の語用論的意味に捉えやすいが、同じ例文を、「次郎」が激痛などで救いようがなく、生きるより死ぬほうがましだという極端な状況場面では、「太郎」が思いやりの気持ちで「次郎が死ぬ」という出来事の発生を妨げずに放置したという〈善意的放置〉という意味にも解釈できる。また、使役者の位置にある「太郎」がある事情により、「次郎が死ぬ」という出来事の発生を妨げることができずに放置したと捉える場合〈不本意の放置〉という意味にもなる。

　こうした人間の生理的変化を表す無意志動詞が述語となる間接関与型使役表現は被使役者が主体となる出来事の発生は被使役者にとって望ましくないことである場合が多いため、話し手が使役者と被使役者の社会的人間関係まで視野に入れて、被使役者が主体となる出来事の発生を放置したと捉える場合、使役者を責めるニュアンスが前面に出るのも当然なことである。

2.1.2　無情物の動きを表す無意志動詞が述語となる場合
〈1〉モノの動きを表す無意志動詞が述語となる場合

　次の例文（17）は「沸騰する／'deu」というモノの動きを表す無意志動詞が述語となっており、「させる／geu zheug」だけで文が終わっている場合、直接関与型の〈変化の引き起こし〉という意味にしか解釈できない。

　　（17）太郎はお湯を沸騰させた。
　　　　　ta ro 'xeu cheu 'deu　　'xeu zheug
　　　　　太郎 'xeu お湯 沸騰する 'xeu zheug

　また、モノの動きを表す無意志動詞が述語となる場合は次の例文（17'）のように「見ぬふりをして」のような放置を示す語句を加えても間接関与型的に解釈することができず、文の自然ささえ落ち着かなくなる。

(17')　? 太郎は見ぬふりをしてお湯を沸騰させた。
　　　　　? ta ro 'xeu ma reug kho yi ni cheu 'deu　'xeu zheug
　　　　　　太郎 'xeu 見ぬふりをしてお湯　沸騰する 'xeu zheug

　モノの動きを表す無意志動詞が述語となる使役表現を間接関与型的に解釈するには、次の例文（17''）のように両言語とも使役態の後ろに「～ておく／～'xi zhak」を付けて表さなければならない。

(17'')　太郎はお湯を沸騰させておいた。
　　　　　ta ro 'xeu cheu　　 'deu　 'xeu zheug 'xi zhak
　　　　　太郎 'xeu お湯　沸騰する 'xeu zheug 'xi zhak

　そうすることによって、使役者の位置にある「太郎」が、「お湯」がすでに「沸騰する」という状態になっているのを妨げようとせずに放置したという〈放置〉という意味を表す。アスペクト的に見れば、「お湯が沸騰する」というのは「お湯」が火などの刺激を受けた結果であり、そのような結果の継続を妨げようとすればできるのに、そうせず放置したという〈統制内の結果継続放置〉という意味を表すようになる。
　こうしたモノの動きを表す無意志動詞が述語となる使役表現の基本的意味も、話し手が「使役者の心境」を前面化して捉える場合、〈悪意的放置〉、〈善意的放置〉、〈不本意の放置〉の語用論的意味に解釈することができる。
　一般的に、無情物の動きを表す無意志動詞が述語となる使役表現は被使役者が無情物であるため、利害授受の観点から言えば、無情物が主体となる出来事の発生や進行を放置することによって、直接その無情物に迷惑あるいは利益をもたらすことはありえないが、結果継続を放置することによってそのモノの持ち主などの関係者に間接的に迷惑あるいは利益を与えることが可能である。したがって、上の例文（17''）も「使役者の心境」を前面化し、使役者の位置にある「太郎」が「お湯を沸騰させておく」ことによって関係者に迷惑を与えることを知りながら、意図的にその状態の継続を妨げようとせずに放置すると捉える場合〈悪意的放置〉という語用論的意味となり、「お湯を沸騰させておく」

ことによって関係者に利益を与えることを知りながら、使役者の位置にある「太郎」が意図的にその状態の継続を妨げようとせずに放置すると捉える場合〈善意的放置〉という語用論的意味になる。また、使役者の位置にある「太郎」に「お湯が沸騰している」状態を妨げる意図があるが、ある事情によりその状態の継続を妨げられずに放置すると捉える場合〈不本意の放置〉という語用論的意味となる。

　こうした〈悪意的放置〉、〈善意的放置〉、〈不本意の放置〉は、いずれもただ単に話し手が「使役者の心境」を前面化して捉える場合の語用論的意味であるが、話し手が、被使役者が主体となる出来事の発生や進行が関係者に迷惑をもたらすものと捉え、しかも使役者にはその出来事の発生や進行を妨げる義務があると捉える場合、使役者を責めるニュアンスが前面に出る。

〈2〉 コトの動きを表す無意志動詞が述語となる場合

　次の例文（18）は「エスカレートする／zda trak 'xa 'gyo」というコトの動きを表す無意志動詞が述語となる間接関与型使役表現であるが、こうしたコトの動きを表す無意志動詞のほとんどは「過程的変化動詞」に属するため、意味としては「彼」が何らかの形で働きかけて「二人の関係をエスカレートさせる」という直接関与型使役表現の〈変化の引き起こし〉という意味と、「二人の関係がエスカレートする」という出来事の発生しようとしているのを、「彼」が妨げなかったという間接関与型使役表現の〈放置〉という意味の二通りの解釈が可能となる。

　　(18) 彼は二人の関係をエスカレートさせた。
　　　　khe 'geu khe nyeu 'xeu dre wa zda trak 'xa 'gyo 'xeu zheug
　　　　彼は　　　二人の　　　関係　　　エスカレートする　　'xeu zheug

　この例文（18）を間接関与型的に解釈するには「知らないふり／ma xi ko yi ni」のような放置を示す語句を付けることができる。そうすることによって次の例文（18'）のように〈放置〉という意味がよりはっきりとなる。

(18')　彼は知らないふりをして二人の関係をエスカレートさせた。
　　　　khe 'geu ma xi ko yi ni khe nyeu 'xeu dre wa zda trak 'xa 'gyo
　　　　'xeu zheug
　　　　彼は　知らないふりをして　二人の　関係　エスカレートする
　　　　'xeu zheug

　この例文（18）と（18'）は、アスペクト的意味としては放置を示す語句のあるなしを問わず、二人の関係がエスカレートしようとしている、あるいは二人の関係がエスカレートしつつあるのを「彼」が妨げず放置したという〈発生放置〉と〈進行放置〉という意味を表す。また、この例文（18）にさらに「〜ておく／〜xi zhak」を付けて〈放置〉を表すことも可能である。

(18")　彼は二人の関係をエスカレートさせておいた。
　　　　khe 'geu khe nyeu 'xeu dre wa zda trak' xa 'gyo 'xeu zheug
　　　　'xi zhak
　　　　彼　は　　　　二人の　関係　エスカレートする　'xeu zheug
　　　　'xi zhak

　なお、この場合はアスペクト的意味としては「使役態＋テンス」で終わっている文と違って、「二人の関係」がエスカレートしつつあるのを使役者の位置にある「彼」が妨げようとすればできるのに、そうせず放置したという〈統制内の進行放置〉という意味と、二人の関係はすでにエスカレートの状態になっていることそのまま放置するという〈結果継続放置〉という意味を表す。
　こうしたコトの動きを表す無意志動詞が述語となる使役表現の基本的意味も、話し手が「使役者の心境」を前面化して捉える場合、〈悪意的放置〉、〈善意的放置〉、〈不本意の放置〉という語用論的意味に解釈することができる。
　つまり、上の例文（18'）で言えば、「二人の関係がエスカレートする」のを放置することによって直接その「二人の関係」というコト自体に迷惑あるいは利益をもたらすことは考えられないが、話し手など関係者に間接的に迷惑あるいは利益を与えることがある。話し手が「使役者の心境」を前面化して「二人

の関係がエスカレートする」という出来事の進行を放置することは、関係者に間接的に迷惑を与えることを知りながら意図的にその状態の継続を妨げようとせずに放置すると捉える場合〈悪意的放置〉という意味となり、関係者に利益を与えることを知りながら、意図的にその状態の継続を妨げようとせずに放置すると捉える場合〈善意的放置〉という意味になる。また、使役者の位置にある人間が「二人の関係がエスカレートする」という出来事の進行を妨げる意図があるが、ある事情によりそれを妨げられずに放置すると捉える場合〈不本意の放置〉という意味となる。

話し手が、被使役者が主体となる出来事の発生や進行が関係者に迷惑をもたらすものと捉え、しかも使役者にはその出来事の進行を妨げる義務があると捉える場合、使役者を責めるニュアンスが前面に出る。

2.1.3 本節のまとめ

本節では無意志動詞が述語となる間接関与型使役表現の使役者の位置にある人間が、ある出来事の発生や進行、あるいは結果継続の状態を妨げようとすればできるのに、そうせずに放置したという意味を意志動詞が述語となる間接関与型使役表現の〈放任〉という意味と区別して〈放置〉と呼び、無意志動詞が述語となる間接関与型使役表現の基本的意味と位置付けた。ここでは無意志動詞を有情物の心理的、生理的動きを表す無意志動詞、無情物であるモノとコトの動きを表す無意志動詞が述語となる場合に分けて主に両言語の共通点を論じた。

結論としてはこれらの無意志動詞のうち過程性のある「過程的変化動詞」が使役表現の述語となる場合は「使役態＋テンス」の形で終わっている文で〈放置〉という意味を表せるのに対し、過程性のない「瞬間的変化動詞」が使役表現の述語となる場合は「使役態＋テンス」の形だけでは〈放置〉という意味を表せず、さらに後ろに「〜ておく／〜xi zhak」を付けて表さなければない点では両言語が共通している。また、使役表現の述語となるその無意志動詞に過程性があるかないか、そして「使役態＋テンス」の形で終わっている文か、それともと「使役態＋〜ておく／〜xi zhak」の形で終わっている文かによって、使役者の位置にある人間が、その出来事の変化をどの段階で放置したかという

アスペクト的意味が異なる点でも両言語は共通している。こうした関係をまとめると次の〈表-2〉のようになる。

〈表-2〉

	使役態＋テンス	使役態＋〜ておく／〜xi zhak
過程的変化動詞	発生放置	統制内の進行放置
	進行放置	結果継続の放置
瞬間的変化動詞		統制内の結果継続の放置

　このようにアスペクト的意味が動詞の性質や使役態の後ろに「〜ておく／〜xi zhak」を付けるかどうかによって異なるものの、〈放置〉という無意志動詞が述語となる間接関与型使役表現の基本的意味を表す点では共通している。こうした基本的意味を、話し手が「使役者の心境」を前面化して捉える場合は〈悪意的放置〉、〈善意的放置〉、〈不本意の放置〉という語用論的意味に解釈できる。
　「喜ぶ／'ga」のような本来利益性を含意する人間の心理的動きを表す無意志動詞が述語になる場合〈善意的放置〉という語用論的意味として捉えやすく、また、「悲しむ／'deug」のような本来迷惑性を含意する人間の心理的動きを表す無意志動詞が述語になる場合は〈悪意的放置〉の語用論的意味として捉えやすいが、「喜ぶ」ことは結果的に被使役者にマイナス的影響を及ぼすという極端な状況では〈悪意的放置〉という意味にもなり、また「悲しむ」ことが結果的に被使役者にプラス的影響を及ぼすという極端な状況では〈善意的放置〉という意味になることもありえる。
　人間の生理的動きを表す無意志動詞が述語となる場合は、「死ぬ／xeu」のようにその変化の主体にとって望ましくないことを表すことが多いため〈悪意的放置〉の語用論的意味に捉えやすいが、極端な状況や場面では〈善意的放置〉という意味にも解釈できる。
　モノとコトの動きを表す無意志動詞が述語となる場合、被使役者が無情物であるため、利害授受の観点から言えば、無情物が主体となる出来事の発生や進行を放置することによって、直接その無情物に迷惑あるいは利益をもたらすこ

とはありえないが、その出来事の関係者に間接的に迷惑あるいは利益を与えることが考えられる。その無情物が主体となる出来事の発生や進行の放置は、話し手などその出来事に関わる関係者にとって望ましくないと捉えた上で、使役者の位置にある人間が、その無情物が主体となる出来事の進行あるいは状態の継続を妨げようとせずに放置すると捉える場合〈悪意的放置〉という意味になり、それとは逆にその無情物が主体となる出来事の進行の放置は、その出来事の関係者にとって望ましいことと捉える場合〈善意的放置〉という意味になる。

述語となる無意志動詞の種類を問わず、使役者の位置にある人間がある事情により、その出来事の発生を妨げることができずに放置したと捉える場合〈不本意の放置〉という意味になる。また、話し手が、被使役者が主体となる出来事の発生や進行が関係者に迷惑をもたらすものと捉え、しかも使役者にはその出来事の発生や進行を妨げる義務があると捉える場合、使役者を責めるニュアンスが前面に出る点でも両言語が共通している。

2.2 無意志動詞が述語になる場合の両言語の相違点
2.2.1 語用論的意味の違い

アムド・チベット語は「thop（得る）」、「khi（あたる）」のようなモノの行方を表す無意志動詞があり、これらの動詞が述語となる間接関与型使役表現は次の例文（19）のように、使役者である「kheu 'ge（彼）」にも賞金を得たい願望があるが、「to tseug keu sha 'ga meu 'ge thop（今年の賞金は彼女が得る）」という出来事が起こることによって生じる利益（この場合は賞金）を一人にしか得るチャンスがないため、「彼」がその利益を競い合うことを断念し、被使役者である「meu 'ge（彼女）」に譲ったという〈譲歩〉という意味を表す。

(19) kheu 'geu to tseug keu sha 'ga meu 'ge thop keu zheug
　　　彼　'geu　今年　の　賞金　彼女　得る　　keu zheug
直訳：彼は今年の賞金を彼女に得させた。

この場合使役者と被使役者が共に人間であるようにも見えるが、「thop（得る）」という動詞は被使役者の位置にある「meu 'ge（彼女）」の無意志的動きを

表すものではなく、「sha 'ga（賞金）」というモノの行方を表す無意志動詞である。
　こうした〈譲歩〉という意味は1.2.2節で述べた「仮定的使役表現」を使うことによって、次の例文（20）のように表すことも可能である。

　　(20) ta thang geu 'ga 'tak keu 'ge top na thop keu zheug
　　　　 今回　の　賞金　彼　得る　na 得る　keu zheug
　　　　直訳：今回の賞金は彼に得るなら得させた（今回の賞金は彼に譲った）。

　ところが、日本語はこの例文（20）の直訳でもわかるように不自然な文となり、同じ意味を表すには「彼は今年の賞金を彼に譲った」のように表現するのが一般的である。

2.2.2　放置を表す文型の違い

　アムド・チベット語は無意志動詞が述語となる場合も本研究でいう「仮定的使役表現」を使うことによって〈放置〉という意味を表すことが可能であり、話し手が使役者の位置にある人間の心境を前面化することによって〈悪意的放置〉、〈善意的放置〉、〈不本意の放置〉という語用論的意味を表せる点では、非仮定的文と同じである。ところが、アスペクト的意味としては、非仮定的文と異なる特徴がみられる。
　次の例文（21）のような有情物の心理的動きを表す無意志動詞が述語となる「仮定的使役表現」は、次郎の心理状態が通常の状態から「Veur lang（興奮する）」という状態に変化しようとするのを妨げなかったという〈発生放置〉の意味を表す。

　　(21) taro xeu ji ro Veur lang na lang geu zheug
　　　　 太郎 xeu 次郎　興奮する　na 興奮する geu zheug
　　　　直訳：太郎は次郎を興奮するなら興奮させた（太郎は次郎を興奮させておいた）。

　次の例文（21'）では同じ「仮定的使役表現」にさらに「～xi zhak（～ておく）」を付けることによって、次郎の心理状態はすでに通常の状態から興奮す

るという状態になりつつある、あるいはすでに興奮した状態になっており、その状態を妨げようと思えばいつでもできるのに、そうせず放置したという〈統制内の進行放置〉〈統制内の結果継続放置〉の意味を表すようになる。

 (21') taro 'xeu ji ro Veur lang na lang geu zheug 'xi zhak
   太郎 'xeu 次郎　興奮する na 興奮する geu zheug 'xi zhak
  直訳：太郎は次郎を興奮するなら興奮させた（太郎は次郎を興奮させておいた）。

 人間の心理的動きを表す無意志動詞が述語となる場合と同様に、人間の生理的動きやモノとコトの動きを表す動詞の場合も次の例文（22）のa、b、cのように、モノとコトの動きを表す無意志動詞が述語となる「仮定的使役表現」の「使役態＋テンス」の形は〈発生放置〉の意味を表し、その「仮定的使役表現」に「～'xi zhak（～ておく）」を付けると「瞬間的変化動詞」の場合は次の例文（22）のaのように〈統制内の進行放置〉と〈統制内の結果継続放置〉の意味を表し、「過程的変化動詞」の場合は次の例文（22）のbとcのように〈統制内の進行放置〉の意味のみを表すようになる。

 （22）a. meu 'geu sha yi a cham ba hok na hok keu zheug 'xi zhak
    彼女 'geu　子供　風邪を引く na 風邪を引く geu zheug xi zhak
    彼女は子供に風邪を引かせておいた。
   b. taro 'xeu theug cheu yong na yong geu zheug 'xi zhak
    太郎 'xeu 水漏れする na する geu zheug 'xi zhak
    太郎は水を漏らしておいた。
   c. keu nyeu 'xeu gel wa 'teung nga gyo na gyo 'xeu zheug 'xi zhak
    二人　の　矛盾　エスカレートする na する 'xeu zheug 'xi zhak
    二人の関係をエスカレートさせておいた。

 ここでアムド・チベット語の「使役態＋テンス」の形で終わっている「仮定的使役表現」と「～'xi zhak（～ておく）」の形で終わっている「仮定的使役表現」のアスペクト的意味をまとめると次の〈表-3〉のようになる。

〈表-3〉

		使役態＋〜xi zhak	使役態＋テンス
瞬間的変化動詞		統制内の結果継続放置	発生放置
過程的変化動詞		統制内の進行放置	

　一方、日本語はこれらの例文の直訳でもわかるように「仮定放置の文型」は成り立たず、無意志動詞が述語となる使役表現を〈放置〉という意味に解釈するには「使役態＋ておく」の文型を使うのが一般的である。

2.2.3　述語となる動詞の違い

　無情物の動きを表す有対無意志自動詞は、日本語では次の例文（23）aのように「-aseru／saseru」と共起できないのが一般的である。

　　（23）＊彼が見ぬふりをして窓ガラスを壊れさせた。

　一方、アムド・チベット語は「仮定的使役表現」を使うことができ、次の例文（24）aのように有対無意志自動詞が述語となる使役表現として表現できる。すなわち、使役者の位置にある人間が「窓ガラス」を通常の状態から「壊れる」状態に変化することを妨げずに〈放置〉するという無意志動詞が述語となる間接関与型使役表現の基本的意味を表す。

　　（24）a．kheu 'geu xe 'go chak na chak keu zheug
　　　　　　　彼' geu　窓ガラス ϕ 壊れる na 壊れる keu zheug
　　直訳：彼はガラスが壊れるなら壊れさせた。

　アスペクト的意味としては窓ガラスが割れようとしているのを放置したという〈発生放置〉を表す。この例文（24）の「仮定的使役表現」に「〜'xi zhak（〜ておく）」を付けると次の例文（24'）のように窓ガラスが割れつつある、あ

るいはすでに割れているのを妨げようと思えばいつでもできるのに、そうせず放置したという〈統制内の進行放置〉と〈統制内の結果継続放置〉の意味を表すようになる。

  (24') a. kheu 'geu xe 'go chak na chak keu zheug 'xi zhak
     彼' geu　窓ガラス φ 壊れる na 壊れる keu zheug 'xi zhak
   直訳：彼は窓ガラスを壊れるなら壊れさせておいた。

 ところが、日本語の場合も次の例文（25）のように有対自動詞で、「ゼリー」のように変化主体であるモノが自発性を持っている場合は「-aseru／saseru」と共起ができるものの、「～ておく」を付けても意味としては「太郎」が積極的に「ゼリー」の自主的変化に関与して変化を引き起こすという直接関与型の意味にしかならず、間接関与型的〈放置〉という意味には解釈できない。

  (25)　太郎はゼリーを固まらせておいた。

 一方、アムド・チベット語は次の例文（25'）のように自発性のある動詞が述語となる「仮定的使役表現」に「～'xi zhak（～ておく）」を付けても〈統制内の進行放置〉と〈統制内の結果継続放置〉の意味を表すことには変わりがない。

  (25') a. kheu 'geu mar 'keu 'kak na 'keuk keu zheug 'xi zhak
     彼' geu　バター汁 φ 固まる na 固まる keu zheug
   直訳：彼はバター汁が固まるなら固まらせておいた。

 また、次の例文（26）のように「使役態＋テンス」だけで文を終わっている場合も〈発生放置〉を表す点では他の動詞が述語となる場合と変わりがない。

  (26) a. kheu 'geu mar 'keu 'kak na 'kak keu zheug
     彼' geu　バター汁 φ 固まる na 固まる keu zheug
   直訳：彼はバター汁が固まるなら固まらせた。

要するに日本語の場合は、基本的には有対自動詞は「-aseru／saseru」と共起できず、「縮まる」や「固まる」のように自発性のある動詞の場合「-aseru／saseru」と共起ができるものの、「〜ておく」を付けても間接関与型的〈放置〉という意味には解釈できない。一方、アムド・チベット語は「仮定的使役表現」を使えば有対自動詞が述語となる使役表現も間接関与型的に解釈することが可能であり、アスペクト的意味としては「使役態＋テンス」の形では〈発生放置〉を表し、その「使役態＋〜'xi zhak（〜ておく）」の形では〈統制内の進行放置〉と〈統制内の結果継続放置〉を表すようになる。

2.2.4　本節のまとめ

　本節では、日本語とアムド・チベット語の場合の無意志動詞が述語となる間接関与型使役表現における相違点について論じた。アムド・チベット語は無意志動詞が述語となる間接関与型使役表現は〈放置〉を表すと同時に〈譲歩〉の語用論的意味を表すこともできるが、日本語ではそのような意味を表すことができない。またアムド・チベット語は無意志動詞が述語となる場合も本研究でいう「仮定的使役表現」を使うことによって〈放置〉という意味を表すことが可能であり、話し手が使役者の位置にある人間の心境を前面化することによって〈悪意的放置〉、〈善意的放置〉、〈不本意の放置〉という語用論的意味を表せる点では、非仮定的使役表現と同じである。

　また、日本語の場合モノの変化を表す有対無意志自動詞が使役表現の述語となることができないのが一般的であるが、アムド・チベット語は「仮定的使役表現」を使うと有対無意志自動詞が述語となる使役表現も〈放置〉という意味に解釈できるようになる。無意志動詞が述語となるアムド・チベット語の「仮定的使役表現」は、アスペクト的意味としては、「使役態＋テンス」の形で〈発生放置〉を表し、その「使役態＋〜'xi zhak（〜ておく）」の形で〈統制内の進行放置〉と〈統制内の結果継続放置〉を表す。

3. 本章のまとめ

　本章では日本語とアムド・チベット語の場合の間接関与型使役表現を意志動詞が述語となる場合と無意志動詞が述語となる場合に分けて両言語の共通点と相違点を論じた。意志動詞が述語となる場合、語用論的意味として両言語がともに〈許可〉と〈放任〉という基本的意味を表すが、話し手が使役者の心境を前面化して、なぜ許可したのかあるいはなぜ放任したのかを問題にするとき、前者はさらに〈善意的許可〉、〈悪意的許可〉、〈不本意の許可〉に、後者も〈善意的放任〉、〈悪意的放任〉、〈不本意の放任〉という語用論的意味を表す。この〈放任〉は「使役態＋テンス」の形で文が終わっている場合は両言語とも「見ぬふりをして」「そのまま」のような放置を示す語句と共起する必要があり、その放置を示す語句が伴わない場合、「使役態」の後ろに「〜ておく／〜'xi zhak」を付けて〈放任〉を表す。なお、両言語とも「使役態＋〜ておく／〜'xi zhak」の形の文は〈統制内の進行放任〉を表すのに対し、「使役態＋テンス」の形の文は〈発生放任〉と〈進行放任〉を表す。

　一方、無意志動詞が述語となる場合も両言語ともに〈放任〉とほぼ同じような意味である〈放置〉を表し、これも話し手が「使役者の心境」を前面化して捉える場合、〈悪意的放置〉、〈善意的放置〉、〈不本意の放置〉という語用論的意味を表す。人間の心理的動きやモノ、コトの動きを表す過程性のない「瞬間的変化動詞」が述語となっており、しかも「使役態＋テンス」の形で終わっている文は両言語とも間接関与型的意味には解釈できず、〈放置〉という意味を表すには「使役態＋〜ておく／〜xi zhak」の形にしなければならない。そうすることによって〈結果継続放置〉というアスペクト的意味を表すようになる。一方、過程性のある「過程的変化動詞」が述語となる場合、両言語とも放置を示す語句と共起することによって「使役態＋テンス」の形で終わっている文は〈発生放置〉と〈進行放置〉を表し、「使役態＋〜ておく／〜xi zhak」の形の文は〈統制内の進行放置〉と〈結果継続の放置〉を表すようになる。

　しかしながら両言語には相違点もみられる。まず語用論的意味としてアムド・チベット語は「'sa（食べる）」のような意志動詞が述語になる場合も「thop（得る）」、「khi（あたる）」のようなモノの行方を表す無意志動詞が述語になる場合も、一つしかない利益を競い合うことを断念して被使役者の位置にあ

る人間に譲るという〈譲歩〉という意味を表せるが、日本語の使役表現はその意味を表せない。

　また、アムド・チベット語は「仮定的使役表現」を使うことによって〈放任〉、〈放置〉、〈譲歩〉という意味を表すことが可能であり、話し手が使役者の位置にある人間の心境を前面化することによって〈悪意的放任・放置〉、〈善意的放任・放置〉、〈不本意の放任・放置〉という語用論的意味を表せる点では、非仮定的文と同じである。「仮定的使役表現」の述語となる動詞は意志動詞かそれとも無意志動詞かは問わずに「使役態＋テンス」の形で終わっている文は〈発生放置〉を表し、「使役態＋〜'xi zhak（〜ておく）」の形で終わっている文は〈統制内の進行放置〉と〈統制内の結果継続放置〉を表す。この文型を使うことによって有対無意志自動詞が述語となる使役表現も〈放置〉という意味に解釈できるようになる。一方、日本語にはこのような文型がなく、有対無意志自動詞が使役表現の述語とならないのが一般的であるが、有対無意志自動詞でも自発性のあるものなら「-aseru／saseru」と共起できるものの、「〜ておく」を付けても間接関与型的〈放置〉という意味には解釈できない。

　ここで両言語共通の非仮定的使役表現と本稿で言う「仮定的使役表現」を、述語となる動詞に加えて、「使役態＋テンス」の形、「使役態＋〜ておく／〜'xi zhak」の形により表せるアスペクト的意味をまとめると次の〈表-4〉のようになる。

〈表-4〉

動詞			非仮定的使役表現		仮定的使役表現		使役態＋テンス
			使役態＋テンス	使役態＋〜ておく／〜'xi zhak	使役態＋〜'xi zhak		
意志動詞		過程性がある	発生放任	統制内の進行放任	統制内の進行放任		発生放任
無意志動詞			進行放置	結果継続の放置	統制内の進行放置		発生放置
		過程性がない			統制内の結果継続放置		

（前述したように無意志動詞はその動詞に過程性があるかないかによって「瞬間的動詞」と「過程的動詞」に分けたが、意志動詞の場合も「食べる」「行く」のような動作を表す動詞にも過程性があるため、この〈表-4〉では「過程性がある」と「過程性がなし」というふうに区別した）

第7章　非関与型使役表現の意味

　第3章では非使役文が表す出来事の発生に使役者の位置にある人間が事実上全く関与していないにも関わらず、使役構文を成している場合を、「関与型使役表現」と対立させて「非関与型使役表現」と呼んだ。本章ではこうした非関与型使役表現における両言語の共通する語用論的意味と述語となる動詞による相違点を論じる。

1. 両言語に共通する語用論的意味
1.1　責任
　次の例文（1）は「死ぬ／xeu」という人間の生理的動きを表す無意志動詞が述語となっており、もっとも典型的な非関与型使役表現の例でもある。

　　（1）父は息子を戦争で死なせた。
　　　　a pa 'xeu sheu leu 'mak trheug ni xeu 'xeu zheug
　　　　父　'xeu 息子　　戦争　　　 ni 死ぬ 'xeu zheug

　この例文（1）は二つの出来事から構成されているというより、「息子が戦争で死んだ」という出来事が発生し、それについて責任があると思われる「父」を使役者の位置に据えただけであり、「息子が戦場で死んだ」という出来事の発生すら父が知らない場合も同じ表現でいえるため、現実には「息子が戦場で死んだ」という出来事に「父」が関与しているとは考えられない。それにも関わらず「父」を使役者の位置に捉えたのは、話し手があたかも責任があると思われる人間がその出来事を引き起こしたように据えているにすぎない。したがっていわゆる「使役性」もない。
　こうした非関与型使役表現は非使役文が表す出来事の発生に使役者の位置にある人間が全く関与していないにも関わらず、それを使役者の位置に据えるこ

とによって非使役文が表す出来事の発生と関連付け、その出来事の発生に使役者の位置にある人間に責任があることを表している。

ここでは使役者の位置にある人間が非使役文が表す出来事の発生に関与していないにも関わらず、その出来事の発生に責任があることを表す意味を〈**責任**〉と呼び、非関与型使役表現の基本的意味として位置付ける。

1.2 非難

この〈責任〉の場合、非使役文が表す出来事の発生は話し手などにとって望ましくないことであり、使役者の位置にある人間にそのような望ましくない出来事の発生を防ぐ責任があると捉える場合、両言語とも次の例文（2）のように使役者の位置にある人間を非難するニュアンスが強く前面に出る。

（2）私は息子を戦争で死なせたんだ。
　　　ngi sheu leu 'mak trheug ni xeu geu zheug tang neu re
　　　私 i 息子　　戦争　　　ni 死ぬ geu zheug（たんだ）

つまり、泣き崩れた母が「私は息子を戦場で死なせたんだ。なぜ私が（彼が戦場に行くことを）止められなかったんだろう」のようなことを口にする場合、「息子が戦場で死んだ」という出来事の発生には「私」に責任があるという単純な意味を超えて、その責任者である「私」を非難するニュアンスが強く前面に出る。こうした語用論的意味を〈責任〉と区別して〈非難〉と呼ぶ。

この〈責任〉も〈非難〉も、非使役文が表す出来事の発生は話し手が望ましくない出来事として捉えている点が共通しているが、使役者の位置にある人間にそのような望ましくない出来事の発生を防ぐ責任や義務があると捉える場合は非難のニュアンスが強く、ここでいう〈非難〉の意味になるが、使役者の位置にある人間にそのような望ましくない出来事の発生を防ぐ責任や義務があるかどうかを意識しない場合は単なる〈責任〉の意味になる。したがって、〈非難〉は〈責任〉という非関与型使役表現の基本的意味から派生した語用論的意味であると考えられる。ところが、「使役態＋テンス」の形で終わっている文で〈責任〉や〈非難〉の意味を表せるのは両言語とも「死ぬ／xeu」という特

殊な動詞が述語となる場合だけで、それ以外の動詞が述語となる場合は両言語に相違点がみられる。

2. 非関与型使役表現における両言語の相違点
　非関与型使役表現における両言語の相違点を、第4章と5章の流れに合わせて意志動詞が使役表現の述語となる場合と無意志動詞が述語になる場合に分けて論じる。なお、便宜上無意志動詞が述語となる場合を先に論じる。

2.1　無意志動詞が述語となる場合
　無意志動詞には人間の生理・心理的変化を表す無意志動詞やモノやコトの動きを表す無意志動詞があり、ここでそれらの動詞が述語となる使役表現の例文を二つずつ挙げながら非関与型使役表現における両言語の相違点を観察する。

2.1.1　人間の生理的変化を表す動詞が述語となる場合
　日本語の場合は次の例文（3）のように人間の生理的変化を表す「怪我する」、「風邪を引く」のような無意志動詞が述語となると、太郎が直接次郎に怪我をさせたという直接関与型使役表現の意味にしかならず、「次郎は怪我をした」ことが太郎に責任があるという非関与型使役表現の意味に解釈するにはもの足りない感じがする。

　　（3）a．彼女は子供を怪我させた。
　　　　 b．私が子供に風邪を引かせた。

　ところが、次の例文（4）のように使役態の後ろに「〜てしまう」を付けることによって「子供が怪我をした」や「子供が風邪を引いた」ことに「彼女」や「私」がまったく関与していないにも関わらず、その出来事の発生に「彼女」や「私」に責任があるということを表すようになる。また、話し手が被害者の立場を取る場合〈非難〉の意味にもなる。

　　（4）a．彼女は子供を怪我させてしまった。

　　　　b．私が子供に風邪を引かせてしまった。

　これは、上で述べたように〈責任〉や〈非難〉の意味に解釈するには非使役文が表す出来事の発生は話し手が望ましくない出来事として捉える必要があり、日本語の「〜てしまう」にはそのような話し手にとって望ましくない出来事が発生してしまったといういわば「残念な気持ち」を表す機能があるからだと思われる。
　一方、アムド・チベット語には日本語の「〜てしまう」に対応する形式がないが、次の例文（5）のように「使役態＋テンス」の形で終わっている文でも上の日本語の例文（4）と同様に〈責任〉と〈非難〉の意味を表せるようになる。

　　（5）a．meu 'geu sha yi a 'mi hok keu zheug
　　　　　　彼女　'geu 子供 a 怪我する　keu zheug
　　　　b．ngi sha yi a cham ba hok keu zheug
　　　　　　私 i 子供　a 風邪を引く　keu zheug

　ところが、アムド・チベット語は〈責任〉と〈非難〉を表すには上の例文（5）のような動詞文よりも次の例文（6）のように「コピュラ文」を使うのが一般的である。

　　（6）a．sha yi a 'mi hok keu jeug no meu 'geu re
　　　　　　子供　a 怪我する　keu jeug no 彼女 だ
　　　　b．sha yi a cham ba hok keu jeug no nga yeun
　　　　　　子供　a 風邪を引く　keu jeug no 私 だ

　こうした「コピュラ文」を使うことによって、「子供が怪我をする」や「子供が風邪を引く」という話し手にとって望ましくない出来事が発生してしまい、そのような出来事の発生に責任のある人は誰かというと「彼女」や「私」であるという意味を表すようになる。

第7章　非関与型使役表現の意味　169

一方、日本語は次の例文（7）のように使役表現全体を「コピュラ文」化することだけでは関与型的意味にしかならず、非関与型的な〈責任〉や〈非難〉の意味には解釈できない。

　　（7）a．子供に怪我させたのは彼女だ。
　　　　 b．子供に風邪を引かせたのは私だ。

　また、次の例文（8）のように「～てしまう」を使って「コピュラ文」化しても、上の例文（7）に「子供が怪我をする」や「子供が風邪を引く」という話し手にとって望ましくない出来事であるという意味を加えるだけで、直接関与型的意味にしか解釈できない。

　　（8）a．子供に怪我させてしまったのは彼女だ。
　　　　 b．子供に風邪を引かせてしまったのは私だ。

　ところが、日本語も次の例文（9）のように「責任／せい」のような責任を示す語句を使うと「コピュラ文」でも〈責任〉や〈非難〉の意味を表せるようになる。

　　（9）a．子供に怪我させてしまったのは彼女の責任（せい）だ。
　　　　 b．子供に風邪を引かせてしまったのは私の責任（せい）だ。

　以上をまとめると、人間の生理的変化を表す「怪我する／'mi hok」、「風邪を引く／cham ba hok」のような無意志動詞が述語となる場合、アムド・チベット語では「使役態＋テンス」の形で終わっている文でも非関与型的な〈責任〉や〈非難〉の意味に解釈することができるが、日本語では使役態の後ろに「～しまう」を付けないとそのような意味には解釈できない。またアムド・チベット語では〈責任〉や〈非難〉の意味を表すには動詞文よりも「コピュラ文」を使うのが一般的である。一方、日本語では「～しまう」を使って使役文全体を「コピュラ文」化しても、話し手にとって望ましくない被使役者が主体

となる出来事を引き起こしまったのは誰かというと、使役者の位置にある人間であるという直接関与型的な〈事態の引き起こし〉の意味にしかならないが、責任を示す語句である「責任／せい」など共起すると「コピュラ文」でも非関与型的意味に解釈できるようになる。

2.1.2　人間の心理的変化を表す無意志動詞が述語となる場合

次の例文（10）のように人間の心理的変化を表す「喜ぶ」、「興奮する」のような無意志動詞が述語となると、「彼」が「彼女」に何らかの刺激を与えて「喜ばせた」や「興奮させた」という直接関与型使役表現の意味にしか解釈できない。

(10) a．彼は彼女を喜ばせた。
　　 b．彼は彼女を興奮させた。

ところが、次の例文（11）のように使役態の後ろに「〜てしまう」を付けることによって文全体の意味を二通りに解釈することが可能となる。

(11) a．彼は彼女を喜ばせてしまった。
　　 b．彼は彼女を興奮させてしまった。

つまり、「彼女が喜ぶ」や「彼女が興奮する」ことは話し手にとって望ましくないことであり、使役者の位置にある「彼」がそのような出来事を引き起こしてしまったという関与型的な〈変化の引き起こし〉の意味に解釈できる。一方、話し手にとって望ましくない「彼女が喜ぶ」や「彼女が興奮する」という出来事が発生してしまったことに、使役者の位置にある「彼」に責任があるという非関与型的な〈責任〉の意味にも解釈できなくはない。この例文（11）の述語となっている「喜ぶ」、「興奮する」のような人間の心理的変化を表す無意志動詞は、そもそも何らかの刺激による結果であるため、後者も論理的に言えば、使役者の位置にある「彼」のある無意志的な行為が引き金となって話し手にとって望ましくない「彼女が喜ぶ」という出来事を発生させたことになる

が、話し手は「彼女が喜ぶ」という出来事が発生してしまったことに「彼」に責任があるという捉え方をしている点は異なる。

一方、アムド・チベット語は日本語の「～てしまう」に対応する言語形式がないため、次の例文（12）のように「使役態＋テンス」の形で終わっている文でも、話し手にとって望ましくない「彼女が喜ぶ」や「彼女が興奮する」という出来事が発生してしまったことに「彼」に責任があるという捉え方もできなくはないが、通常は関与型的な〈変化の引き起こし〉に解釈するのが一般的である。

(12) a. kheu 'geu meu 'ge 'ga 'xeu zheug
　　　　彼　　'geu 彼女　喜ぶ　'xeu zheug
　　 b. kheu 'geu meu 'ge Veur lang geu zheug
　　　　彼　　'geu 彼女　興奮する　'xeu　zheug

この例文（12）の動詞文よりも使役文全体を次の例文（13）のように「コピュラ文」化すると、「彼女が喜ぶ」という出来事が発生してしまい、そのような出来事の発生に責任のある人は誰かというと「彼」であるという非関与型的意味に捉えやすくなる。

(13) a. meu 'ge 'ga 'xeu jeug no kheu 'geu re
　　　　彼女　喜ぶ　xeu jeug no　彼だ
　　 b. meu 'ge Veur lang geu jeug no kheu 'geu re
　　　　彼女　興奮する　xeu jeug no　彼だ

したがって、アムド・チベット語の使役表現は動詞文より「コピュラ文」がより非関与型的に〈責任〉を表わす典型的な文であることがわかる。

一方、日本語は次の例文（14）のように使役表現全体を「コピュラ文」化しても「彼女が喜ぶ」という出来事を引き起こしたのは誰かというと「彼だ」という関与型的意味にしか解釈できない。

(14) a．彼女を喜ばせたのは彼だ。
　　 b．彼女を興奮させたのは彼だ。

　また、こうした「コピュラ文」に次の例文（15）のように「〜てしまう」を付けても、話し手にとって望ましくない「彼女が喜ぶ」や「彼女が興奮する」という出来事を引き起こしてしまったのは誰かというと「彼だ」という直接関与型的な〈反応の引き起こし〉の意味にしかならず、非関与型的な〈責任〉の意味に解釈するにはかなり無理がある。

(15) a．彼女を喜ばせてしまったのは彼だ。
　　 b．彼女を興奮させてしまったのは彼だ。

　ところが、日本語も次の例文（16）のように「責任／せい」のような責任を示す語句を使うと「コピュラ文」でも〈責任〉や〈非難〉の意味を表せるようになる。

(16) a．彼女を喜ばせてしまったのは彼の責任（せい）だ。
　　 b．彼女を興奮させてしまったのは彼の責任（せい）だ。

　ここでわかるのは、人間の心理的変化を表す「喜ぶ／'ga」、「興奮する／Veur lang」のような無意志動詞が述語となる場合も、アムド・チベット語では「使役態＋テンス」の形で終わっている文でも非関与型的な〈責任〉や〈非難〉の意味に解釈することができるが、日本語では使役態の後ろに「〜しまう」を付けないとそのような意味には解釈できない。また、アムド・チベット語では〈責任〉や〈非難〉の意味を表すには動詞文よりも「コピュラ文」を使うのが一般的である。一方、日本語では「〜しまう」を使って使役文全体を「コピュラ文」化しても、〈反応の引き起こし〉の意味にしかならないが、責任を示す語句である「責任／せい」などが共起することによって非関与型的意味に解釈できるようになる。

2.1.3　モノやコトの変化を表す無意志動詞が述語となる場合

次の日本語の例文（17）のaとbはそれぞれ「沸騰する」、「エスカレートする」というモノやコトの動きを表す無意志動詞が述語となる使役表現であり、この場合も「彼」がお湯を加熱することによってお沸騰させた、「彼」が何らかを働きかけて二人の関係をエスカレートさせたという直接関与型の〈変化の引き起こし〉の意味にしか解釈できない。

(17) a．彼がお湯を沸騰させた。
　　 b．彼は二人の関係をエスカレートさせた。

ところが、次の例文（18）のaとbのように後ろに「〜てしまう」を付けることによって二通りの意味解釈が可能となる。

(18) a．彼はお湯を沸騰させてしまった。
　　 b．彼は二人の関係をエスカレートさせてしまった。

つまり、「お湯が沸騰する」や「二人の関係がエスカレートする」という話し手にとって望ましくない出来事を引き起こしてしまったという関与型的な〈変化の引き起こし〉の意味に解釈できる。一方、話し手にとって望ましくない「お湯が沸騰する」や「二人の関係がエスカレートする」という出来事が発生してしまったことに使役者の位置にある「彼」に責任があるという非関与型的な〈責任〉の意味にも解釈できるようになる。

一方、アムド・チベット語には日本語の「〜てしまう」のような言語形式がないため、次の例文（19）のように「使役態＋テンス」の形で終わっている文でも、話し手にとって望ましくない「彼女が喜ぶ」や「彼女が興奮する」という出来事が発生してしまったことに「彼」に責任があるという捉え方もできなくはないが、通常は関与型的な〈変化の引き起こし〉に解釈するのが一般的である。

(19) a. khe 'geu cheu 'deu 'xeu zheug
　　　　彼 'geu お湯 沸騰する 'xeu zheug
　　b. khe 'geu khe nyeu 'xeu dre wa zda trak va gyo 'xeu zheug
　　　　彼　二人の　　　関係　エスカレートする　'xeu zheug

　これを非関与型的に解釈するには次の例文（20）のように使役文全体を「コピュラ文」化するのが一般的であり、そうすることによって「お湯が沸騰する」や「二人の関係がエスカレートする」という話し手にとって望ましくない出来事を発生させしてしまったことに使役者の位置にある「彼」に責任があるという非関与型的な〈責任〉の意味を表すようになる。

(20) a. cheu 'deu 'xeu jeug no khe 'geu re
　　　　お湯 沸騰する 'xeu jeug no 彼だ
　　b. khe nyeu 'xeu dre wa zda trak va gyo 'xeu jeug no khe 'geu re
　　　　二人の　　関係　エスカレートする　　　'xeu jeug no　彼だ

　一方、日本語は次の例文（21）のように使役表現全体を「コピュラ文」化しても「お湯が沸騰する」や「二人の関係がエスカレートする」という出来事を引き起こしたのは誰かというと「彼だ」という関与型的意味にしかならず、非関与型的な〈責任〉の意味に解釈することはできない。

(21) a．お湯を沸騰させたのは太郎だ。
　　b．二人の関係をエスカレートさせたのは彼だ。

　また、こうした「コピュラ文」に次の例文（22）のように「～てしまう」を付けても、話し手にとって望ましくない「お湯が沸騰する」や「二人の関係がエスカレートする」という出来事を引き起こしてしまったのは誰かというと「彼だ」という直接関与型的な〈変化の引き起こし〉の意味にしかならず、非関与型的な〈責任〉の意味には解釈できなくなる。

(22) a. お湯を沸騰させてしまったのは太郎だ。
    b. 二人の関係をエスカレートさせてしまったのは彼だ。

ところが、日本語も次の例文（23）のように「責任／せい」のような責任を示す語句を使うと「コピュラ文」でも〈責任〉や〈非難〉の意味を表せるようになる。

(23) a. お湯を沸騰させてしまったのは太郎の責任（せい）だ。
    b. 二人の関係をエスカレートさせてしまった彼の責任（せい）だ。

ここでわかるのは、人間の心理的変化を表す「沸騰する／cheu 'deu」、「エスカレートする／zda trak va gyo」のような無意志動詞が述語となる場合も、アムド・チベット語では「使役態＋テンス」の形で終わっている文でも非関与型的意味に解釈することができるが、日本語では使役態の後ろに「〜しまう」を付けないとできない。また、アムド・チベット語では〈責任〉や〈非難〉の意味を表すには動詞文よりも「コピュラ文」を使うのが一般的である。一方、日本語では「〜しまう」を使って使役文全体を「コピュラ文」化しても、〈変化の引き起こし〉の意味にしかならないが、責任を示す語句である「責任／せい」などが共起することによって非関与型的意味に解釈できるようになる。

2.1.4 まとめ

以上では「死ぬ／xeu」以外の無意志動詞が述語となる場合の非関与型使役表現における両言語の相違点を、人間の生理・心理的変化を表す無意志動詞やモノやコトの動きを表す無意志動詞が述語となる場合に分け、それぞれ例文を二つずつ挙げながら検証してきた。

いずれの無意志動詞が述語となる場合も、アムド・チベット語では「使役態＋テンス」の形で終わっている文でも基本的に非関与型的な〈責任〉や〈非難〉の意味に解釈することができるのに対して、日本語は「使役態＋テンス」の形で終わっている文だけでは非関与型的意味に解釈できず、使役態の後ろに「〜しまう」を付けて表現する必要がある。アムド・チベット語は「使役態＋

テンス」の形で終わっている動詞文よりも〈責任〉や〈非難〉の意味を表すには「コピュラ文」を使うのが一般的である。一方、日本語は使役文全体を「コピュラ文」化しても、またそれに「〜しまう」を付けても直接関与型的意味にしかならないが、責任を示す語句である「責任／せい」などが共起することによって非関与型的意味に解釈できるようになる。

2.2　意志動詞が述語となる場合

　次の例文（24）は「食べる」という他動詞が述語となる必須項だけで出来上がっている使役表現であるが、この場合「母が働きかけて弟にゴミを食べさせた」という関与型的な〈動作の引き起こし〉の意味にしかならず、「弟がゴミを食べる」という出来事が発生してしまったことに「母」に責任があるという非関与型的意味に解釈できない。

　　（24）母が弟にゴミを食べさせた。

　しかし、次の例文（25）のように「食べる」という他動詞の場合も使役態の後ろに「〜てしまう」を付け、また「母の不注意で」のような文脈を与えることによって、「弟がゴミを食べる」という話し手にとって望ましくない出来事が発生してしまったことは「母」に責任があるという非関与型的意味に解釈できるようになる。

　　（25）母の不注意で弟にゴミを食べさせてしまった。

　この日本語の例文（25）をアムド・チベット語に訳すると次のようになる。

　　（26）a ma 'xeu　nyam ma zhak Va　neu　wo kat 'neug 'sa 'xeu zheug
　　　　　母 'xeu　　不注意　で　　弟　　ゴミ　　　食べる　'xeu zheug

　ここでわかるのはアムド・チベット語の場合「nyam ma zhak Va（不注意で）」のような文脈を与えると「使役態＋テンス」の形で終わっている文で、

話し手にとって望ましくない「弟がゴミを食べる」という出来事が発生してしまったことは「母」に責任があるという非関与型的意味に解釈できるということである。

ところが、アムド・チベット語の場合は非関与型的な〈責任〉の意味を表すもっとも典型的な文型は「コピュラ文」である。したがって、「trot mo gyo（実家に帰る）」や「so dep（嚙む）」のような意志動詞が述語となる場合も次の例文（27）のように「コピュラ文」化することによって「na ma trot mo gyo geu（嫁が実家に帰る）」や「sha yi a kyhe so dep（犬が子供を嚙む）」のような話し手にとって望ましくない出来事が発生してしまい、そのような出来事の発生に責任のある人は誰かというと「姑」や「彼」であるという非関与型的な〈責任〉の意味を表すようになる。

(27) a. na ma trot mo gyo geu jeug no a ni re
　　　　嫁　実家に帰る　　　geu jeug no 姑だ
　　 b. sha yi a kyhe so dep keu jeug no kheu 'ge re
　　　　子供　a 犬が　嚙む　keu jeug no 彼　だ

一方、日本語はこのように主語を文末に置いて使役表現全体を「コピュラ文」化しても、次の例文（28）のように直接関与型使役表現の意味にしかならず、非関与型使役表現の意味には解釈できない。

(28) a. 嫁を実家に帰らせたのは姑だ。
　　 b. 子供を犬に嚙ませたのは彼だ。

つまり、「嫁を実家に帰らせたのは」の誰かというと「姑だ」、「子供を犬に嚙ませた」のは誰かというと「彼だ」という直接関与型使役表現の意味にしかならず、「嫁が実家に帰る」という出来事が発生してしまったことは「姑」に責任があるという非関与型使役表現の意味には解釈できない。

また、その「コピュラ文」に次の例文（29）のように「～てしまう」を付けると「嫁が実家に帰った」や「子供が犬に嚙まれた」ことは話し手にとって望

ましくないことであることははっきりとするものの、そのような望ましくない出来事を引き起こしたのは誰かというと「姑だ」や「彼だ」という直接関与型的な〈動作の引き起こし〉の意味にしか解釈できない点では例文（28）の場合と同様である。

 （29）a．嫁を実家に帰らせてしまったのは姑だ。
    b．子供を犬に嚙ませてしまったのは彼だ。

 ところが、日本語も次の例文（30）のように「責任／せい」のような責任を示す語句を使うと「コピュラ文」でも〈責任〉や〈非難〉の意味を表せるようになる。

 （30）a．嫁を実家に帰らせてしまったのは姑の責任（せい）だ。
    b．子供を犬に嚙ませてしまったのは彼の責任（せい）だ。

 要するに意志動詞も無意志動詞と同じく、アムド・チベット語では文脈さえ与えれば「使役態＋テンス」の形で終わっている文でも非関与型的な〈責任〉や〈非難〉の意味に解釈することができるが、動詞文よりも「コピュラ文」を使うのが一般的である。一方、日本語は「使役態＋テンス」の形で終わっている文は非関与型的意味には解釈できず、使役態の後ろに「〜しまう」を付けることによって非関与型的意味には解釈できるようになる。また日本語は使役表現全体を「コピュラ文」化しても非関与型的意味には解釈できないのが一般的であるが、責任を示す語句である「責任／せい」を使うことによって非関与型的意味には解釈できるようになる。

3．本章のまとめ
 本章では、非使役文が表す出来事の発生に使役者の位置にある人間が事実上全く関与していないにも関わらず、使役構文を成している場合の非関与型使役表現における両言語の共通する語用論的意味と述語となる動詞による相違点を論じた。

使役者の位置にある人間が非使役文が表す出来事の発生に関与していないにも関わらず、その出来事の発生に責任があることを表す意味を〈責任〉と呼び、非関与型使役表現の基本的意味として位置付けた。なお、その非使役文が表す出来事は話し手にとって望ましくないことである必要があり、非関与型使役表現の意味が成り立つ前提でもある。話し手が使役者の位置にある人間にはそのような望ましくない出来事の発生を防ぐ責任があると捉える場合は両言語ともその使役者の位置にある人間を非難のニュアンスが強く前面に出るため、〈責任〉と区別して〈非難〉と呼び、非関与型使役表現の基本的意味から派生した語用論的に意味として位置付けた。

　日本語とアムド・チベット語の非関与型使役表現には、こうした〈責任〉の意味とそれから派生したと思われる〈非難〉の意味を表す機能があり、「使役態＋テンス」の形で終わっている文でこうした意味を表せるのは両言語とも「死ぬ／xeu」という特殊な動詞が述語となる場合だけである点は両言語が共通している。

　それ以外の動詞が述語となる非関与型使役表現は、アムド・チベット語では「使役態＋テンス」の形で終わっている文でも文脈さえ与えれば〈責任〉や〈非難〉の意味を表すことができるが、日本語では「使役態＋テンス」の形で終わっている文では非関与型的意味にならず、「〜てしまう」という言語形式を付けなければならない点は両言語が異なる。また、アムド・チベット語は非関与型的な〈責任〉や〈非難〉の意味を表すには動詞文よりも「コピュラ文」を使うのが一般的である。一方、日本語も使役表現全体を「コピュラ文」化することができるものの、「〜てしまう」を付けても非関与型的意味に解釈することができない。なお、「コピュラ文」に責任を示す語句である「責任／せい」を加えることによって非関与型的意味には解釈できるようになる。

終 章

1. 本研究のまとめ

本研究では日本語とアムド・チベット語の使役表現の対照研究を目的とした。本研究でいう使役表現とは日本語の「-aseru／saseru」の形態が付く使役表現とアムド・チベット語の「keu jeug」とその異形態が付く使役表現のみを指す。

1.1　両言語における使役表現の形態的および統語的な特徴

本研究では「-aseru／saseru」と「keu jeug」およびその異形態のことをそれぞれ日本語とチベット語の「使役態」と呼び、その使役態が付く文を「使役表現」と呼ぶ。日本語の使役態は動詞の後ろに付く形式で、「助動詞」として位置付けて橋本進吉（1969）と同じ立場を取る。一方、アムド・チベット語の使役態は「要素A（keu）」と「要素B（jeug）」から成り立ち、前者を「使役助詞」、後者を「使役動詞」として位置付ける。両言語の使役形態の肯定、否定の形式をまとめると次の〈表-1〉のようになる。

〈表-1〉

	アムド・チベット語		日本語	
	肯定形	否定形	肯定形	否定形
非過去形	keu jeug	keu meu jeug	させる	させない
過去形	keu zheug	keu ma zheug	させた	させなかった
命令形	keu xeug	keu ma jeug	させろ	させるな

（アムド・チベット語の場合要素Aの前は動詞の非過去であり、要素Aを「keu」で代表させた）

なお、アムド・チベット語の「要素A」はその直前の末尾音によって次の〈表-2〉のように音便が発生する。

〈表-2〉

直前の末尾音	開音節	閉音節		鼻音
	a i u eu e o	-k -g -t -p -l	-r	-ng -n -m
使役助詞	'xeu	keu	'geu	geu

両言語の使役表現（使役文）は「非使役文」から派生してできた文とも考えられ、その関係を両言語の非使役文のパターンとそれに対応する使役文別にまとめると次の〈表-3〉のようになる。

〈表-3〉

	非使役文		使役文
日本語	X が V		W が X を/に V させる
	X が Y を V		W が X に Y を V させる
チベット語	X φ V		W geu X φ Vkeu jeug
	X a Y φ V		W geu X a Y φ Vkeu jeug
	X geu	Y φ V	W geu X a Y φ Vkeu jeug
		Y a V	W geu X a Y a Vkeu jeug

（Wは使役者を、Xは被使役者を表す。「geu」は能格、「a」は与格、「φ」は絶対格を表す）

使役者の位置にある人間が「非使役文」の発生に対して関与するかしないか、またどのように関与するかによって両言語の使役表現を次のように三つのタイプに分けられる。

使役表現 ｛ 関与型 ｛ 直接関与型　（例）先生が学生に本を読ませた。
　　　　　　　　　　間接関与型　（例）看守が見ぬふりをして囚人を逃げさせた。
　　　　　　非関与型　　　　　　（例）父が息子を戦場で死なせた。

1.2　直接関与型使役表現における両言語の共通点と相違点
1.2.1　共通点

　〈動作の引き起こし〉は意志動詞が述語となる直接関与型使役表現の基本的意味であるが、話し手が「使役者が被使役者に何かをさせる」ことを一つの事実として捉える場合〈誘発〉の語用論的意味になり、「被使役者の心境」を前面化して捉える場合〈強制〉または〈好意〉の語用論的意味になる。また話し手が「被使役者の心境」も視野に入れながら「使役者の心境」を前面化して捉える場合さらに〈意地悪〉や〈思いやり〉の語用論的意味になる。こうした語用論的意味を表せる機能がある点では両言語が共通している。

　〈変化の引き起こし〉は無意志動詞が述語となる場合は〈変化の引き起こし〉という基本的意味であるが、この基本的意味は、述語となる動詞の性質によって異なる語用論的意味を表す。人間の生理的動きを表す無意志動詞が述語となる場合〈事態の引き起こし〉の意味を、モノやコトの変化を表す無意志動詞が述語となる場合〈変化の引き起こし〉の意味を表す。人間の心理的動きを表す無意志動詞が述語となる場合〈反応の引き起こし〉を表すが、その動詞は利害的に中立であるか本来利害性を含意されているかによって〈単なる反応の引き起こし〉、〈迷惑的反応の引き起こし〉、〈利益的反応引き起こし〉を表すようになる。本研究ではこの三つを同じレベルのものだと考える。いずれの場合も話し手が「使役者の心境」を前面化して捉える場合〈意地悪〉、〈思いやり〉、〈不本意〉の語用論的意味になる。こうした語用論的意味を表せる機能がある点では両言語が共通している。

1.2.2　相違点
〈1〉意志動詞が述語となる場合
　アムド・チベット語では必須項だけでできている使役表現は〈動作の引き起

終章　　183

こし〉という基本的意味通りに捉えるのが一般的であるが、日本語では単純に〈動作の引き起こし〉より〈動作の引き起こしプラスアルファ〉という何かの色を付けて捉えやすく、中でも〈好意〉よりも〈強制〉、「利益付与」よりも「迷惑付与」と捉えやすい傾向がある。

　日本語では目上を被使役者の位置に据えることはできないのが一般的であるが、アムド・チベット語にはそのような社会的な制約がなく「学生は先生に推薦状を書かせた」のような表現も可能である。したがって、アムド・チベット語では使役者が自分のために被使役者にお願いして何かをやらせるという〈依頼〉の意味を表すことが可能であるが、日本語ではできない。

　日本語は「-aseru／saseru」だけで終わっている文は利害授受の方向からみると「迷惑付与」、「利益付与」しか表せないのに対し、アムド・チベット語の場合「keu jeug」で終わっている文でもそのほかに「迷惑受領」、「利益受領」も表せる。したがって、アムド・チベット語の「keu　jeug」は日本語の「-aseru／saseru」と対応すると同時に「〜させられる／〜させてあげる／〜させてくれる」、「〜てもらう」にも対応するということが言える。

　日本語の「着せる」のようないわば「使役動詞」が述語となる使役表現は、「直接働きかけ」による〈語彙的他動〉の意味として使われると同時に、「間接働きかけ」による〈動作の引き起こし〉の意味としても使われる。一方、アムド・チベット語では「直接働きかけ」の場合に「他動詞」を使い、「間接働きかけ」の場合に「動詞＋使役態」を使うことで明確に区別される。

〈2〉 無意志動詞が述語となる場合

　アムド・チベット語は有対無意志自動詞を使役化することによって、〈奇跡の引き起こし〉を表すことが可能であるが、日本語ではその意味を表すのに他動詞を使うのが一般的である。また、アムド・チベット語はモノの存在を表す「yo（ある）」とその否定形である「me（ない）」も使役化することによって〈奇跡の引き起こし〉の意味を表すことも可能であるが、日本語ではできない。

　日本語は例外を除いて有対無意志自動詞を使役化することができないが、アムド・チベット語は有対自動詞も使役化することが可能である。したがって、有対自動詞の場合はアムド・チベット語は「自動詞／他動詞／自動詞＋使役

態」というように「三項対立」となるが、日本語は自他の対立にしかならない。コトの動きを表す動詞の場合も、日本語は「自動詞／自動詞＋使役態」の「二項対立」になるのに対し、アムド・チベット語は「自動詞的連語／他動詞的連語／自動詞的連語＋使役態」という「三項対立」になる。

　人間の心理的動きを表す無意志動詞が述語となる場合、アムド・チベット語では「自分が自分を〜geu zheug」という形を使って、使役者と被使役者が同じ人間である使役表現を作ることが可能であるが、日本語は使役者と被使役者は同じ人間にすることができない。

1.3　間接関与型使役表現における両言語の共通点と相違点
1.3.1　共通点

　意志動詞が述語となる間接関与型使役表現は〈許可〉と〈放任〉という基本的意味を、無意志動詞が述語となる間接関与型使役表現は〈放置〉という基本的意味を表し、話し手が「使役者の心境」を前面化して捉えることによって、さらに〈悪意的な放任／許可／放置〉と〈善意的な放任／許可／放置〉〈不本意の放任／許可／放置〉の語用論的意味を表す機能がある点では両言語が共通している。

　アスペクト的意味としては、意志動詞が述語となる場合、「使役態＋テンス」の形の文は放任を示す語句とともに〈非統制内の発生放任／進行放任〉を表し、「使役態＋〜ておく／〜'xi zhak」の形の文は〈統制内の進行放任〉を表す。無意志動詞が述語となる場合、「過程的変化動詞」は「使役態＋テンス」の形で〈発生放置〉を表すのに対し、「瞬間的変化動詞」は「使役態＋テンス」の形だけでは〈放置〉の意味を表せず、「〜ておく／〜xi zhak」を付けることによって〈統制内の進行放置〉と〈統制内の結果継続の放置〉を表す点でも両言語が共通している。

1.3.2　相違点

　アムド・チベット語の間接関与型使役表現は意志動詞が述語となる場合も無意志動詞が述語となる場合も、〈譲歩〉の意味を表すことができるが、日本語ではその意味を表すことができない。

終章　185

アムド・チベット語の場合〈放任〉、〈放置〉、〈譲歩〉を表す最も典型的な文型は「仮定的使役表現」であり、アスペクト的意味としては非仮定的な文型と違って「使役態＋テンス」の形で〈発生放任／放置〉を表し、「使役態＋〜'xi zhak」の形で過程性のある動詞が述語となる場合は〈統制内の進行放任／放置〉を表し、過程性のない動詞が述語となる場合は〈統制内の進行放置〉と〈統制内の結果継続放置〉を表す。一方、日本語では仮定的な使役表現が存在しない。

1.4　非関与型使役表現における両言語の共通点と相違点
1.4.1　共通点
日本語とアムド・チベット語の非関与型使役表現には、〈責任〉の意味とそれから派生したと思われる〈非難〉の意味を表す機能がある点は両言語が共通している。

1.4.2　相違点
日本語では「使役態＋テンス」の形の使役表現で、非関与型的意味に解釈できるのは「死ぬ／xeu」という特殊な動詞が述語となる場合だけである。それ以外の場合「〜てしまう」を使役態の後ろに付けて表す。一方、アムド・チベット語は日本語の「〜てしまう」に対応する形式がなく、文脈さえ与えてあれば動詞の種類を問わず「使役態＋テンス」の形でも非関与型的意味に解釈できるようになる。

アムド・チベット語は非関与型的な〈責任〉や〈非難〉の意味を表すには動詞文よりもコピュラ文を使うのが一般的である。一方、日本語の場合も使役表現全体をコピュラ文化することができるものの、直接関与型の意味にしかならない。

2．本研究の意義
アムド・チベット語の使役表現に関する研究は語学学習のテキストのレベルにとどまっており、学校文法では使役表現の文法項目すら立てていないのが現状である。一方、日本語の使役表現については盛んに研究が行われているが、

有情物が主語となる使役表現全体を三つのタイプに分類した上で、それぞれのタイプの使役表現を、話し手が「被使役者の心境」を前面化して捉える場合と「被使役者の心境」も視野に入れながら、「使役者の心境」を前面化して捉える場合などを基準に語用論的意味を分類して論じたのは初めての試みである。また、同じ方法でアムド・チベットの使役表現の語用論的意味を分類しながら、両言語の三つタイプの使役表現における共通点と相違点を体系的に論じようと試みたのは本研究のいささかの意義のあるところと考える。

3. 今後の課題

　冒頭で述べたように本研究では有情物が主語となる場合の使役表現のみを研究対象としており、〈原因〉などの意味を表す無情物が主語となる場合の使役表現に対する研究は今後の課題とする。本研究では有情物が主語となる使役表現の中でも主に平叙文を取り扱っており、否定的使役表現までの記述はできなかった。否定的使役表現の場合、基本的に被使役者が動作や変化を引き起こしているのを使役者が阻止するという〈阻止〉という意味を表すが、被使役者が先に何かを引き起こそうとしているのを使役者が後からある行動に出てそれを阻止することになるため、否定的使役表現を本研究でいう三つのタイプで分けると「間接関与型」的なタイプに属する。この間接関与型的な否定文は、〈阻止〉という基本的意味を表し、その基本的意味を話が手が「使役者の心境」を前面化することによって〈善意的阻止〉〈悪意的阻止〉〈不本意の阻止〉などの語用論的意味を表すようになると思われるが、詳細は別に機会に述べる。

　本研究での使役表現の意味と語用論的意味に対する記述は基本的に使役者の立場からみた意味であるが、被使役者からの立場からみることもできる。例えば、「先生が学生に絵をかかせる」という直接関与型使役表現を例にしていえば、話し手が「学生」の立場に立ってこの文の意味をみると、〈影響受領〉という基本的意味になり、さらにその学生の「心境」を前面化してみると〈迷惑的影響受領〉〈利益的影響受領〉などの語用論的意味になる。以上を今後の課題として本稿を終わりとする。

参考文献

青木五郎(1998)	『中国の小学校における識字教育』『中国図書』19 丸山書店　第三、四号
青木文教(1954)	「チベット語の本質について」『言語研究』第26/27号
青木伶子(1976)	「使役――自動詞・他動詞との関わりにおいて――」『成蹊国文』10
浅山佳郎(1996)	「自動詞使役と他動詞に関する中間言語について」『神奈川大学言語研究』第18号　神奈川大学言語研究センター
庵　功雄(2001)	『新しい日本語学入門』スリーエーネットワーク
尹亭仁(1999)	「日本語と韓国語の使役構文の対照研究――結果含意を中心に――」『言語情報科学研究』第四号　東京大学言語情報科学研究会
伊東光浩(2001)	「使役を表さない「令」字の用法――日本書紀に於ける不審例――」『生活文化研究紀要』第八号　関東学院女子短期大学生活文化研究所
大鹿薫久(1887)	「使役と受動（二）」『山邊道』第三十一号　天理大学国語国文学会
大橋一人(1990)	「動作と使役」『関東学院大学文学部紀要』第57号　関東学院大学人文学会
小宮千鶴子(1984)	「使役表現の広がり――日英語間の発想のずれと指導上の問題――」『日本語教育』53号
夏茜(1989)	「対立する他動詞をもつ自動詞の使役構文」『語文研究』奥村三雄教授退官祈念号
加藤彰彦等編(1989)	『日本語概説』おうふう
紙谷榮治(2001)	「現代日本語の他動詞と動詞の使役形について」『関西大学文学論集』第五十一巻　第二号　関西大学文学会
金恵鎮(2003)	「日本語と韓国語の『使役構文』に関する対照研究」『研究論集』第3号　北海道大学大学院文学研究科
金熹成(2003)	「使役を表す「ようにする」「ようにさせる」」築波大学国語国文学会
工藤浩等(1993)	『日本語要説』ひつじ書房
黒田成幸(1990)	「使役の助動詞の自立性について」『文法と意味の間――国広哲彌教授還暦退官記念論文集――』くろしお出版
坂田雪子(1980)	『使役を表す言い方・せる　させる』教師用日本語教師ハンドブック4『文法』II
佐治圭三(1984)	「誤用例の検討（11）――使役、受身、自発、可能などの表現に関する用例（その1）」『日語学習与研究』第六期
佐藤里美(1986)	「使役構造の文――人間の人間に対するはたらきかけを表現する場合」『ことばの科学1』むぎ書房
佐藤里美(1990)	「使役構造の文――因果関係を表現する場合」『ことばの科学4』むぎ書房
孫東周(2005)	『日本語の動詞とヴォイス』Publishing Corporation
柴谷方良(1978)	『日本語の分析』大修館書店

白井聡子(1999)	「現代チベット語の名詞修飾構造」『言語研究』第116号
謝新平(2001)	「日中両語の使役と受動の接近する類似点と相違点」『国語科研究論集』第四十二号　福岡教育大学国語国文学会
須賀一好・早津恵美子(1995)	『動詞の自他』ひつじ書房
星泉(1998)	「チベット語ラサ方言の述語動詞 yon の意味」『言語研究』第113号
外崎淑子・藤巻一真(2001)	「心理述語と使役構文：意味役割と統語構造について」『言語科学研究』第七号　神田外語大学大学院
高橋慶治(1992)	「現代チベット語における動詞の分類」『国立民族学博物館研究報告』17巻2号
高橋慶治(1992)	『現代チベット語（中央方言）における複合形容詞の研究——その修飾構造と内部構造についての一考察——』東京外国語大学アジア・アフリカ言語文化研究所
高橋慶治(1995)	『現代チベット語（中央方言）における格助詞と動詞の項構造』
高橋慶治(2002)	「チベット語の特徴」『日本語学』7月号　第21巻8号通巻252号
高橋太郎(1985)	「現代日本語のヴォイスについて」『日本語学』4月号　明治書院　筑波大学現代言語学研究会（2002）『事象と言語形式』三修社
田口香奈恵(2001	「ブラジル人児童の受身・使役表現の習得に関する事例研究——日本人児童・幼児との比較を通して——」『第二言語としての日本語の習得研究』第四号　凡人社
タシツリン(2005)	「日本語とチベット語の使役表現における形態的及び統語的な特徴」『学習院大学人文科学論集』14号
タシツリン(2006)	「無常物に対する使役表現——日本語とチベット語を比較して」『学習院大学大学院日本語日本文学』第2号
タシツリン(2006)	「日本語とチベット語における使役表現について——有情物主語の場合」『日語日文学研究』第57輯　韓国日語日文学会
タシツリン(2006)	「アムド・チベット語における使役表現「keu jeug」について」『日本西蔵学会会報』第52期　日本西蔵学会
田中宏明(1996)	「使役動詞の補文構造：特に have と make との比較を中心に」『高知大学学術研究報告』第45巻　人文科学　高知大学
田中智子(2001)	「「給」使役文について」『言語情報科学研究』第六号　東京大学言語情報科学研究会
寺村秀夫(1982)	『日本語のシンタクスと意味』くろしお出版
時枝誠記(1950)	『日本文法　口語編』岩波書店
中川裕三(1992)	「使役義を表す動補動詞について——意味構造を中心に——」『人文学報』第234号
長野泰彦(1980)	「チベット語の色彩語彙」『国立民族学博物館研究報告』5巻2号
長野泰彦(1986)	「チベット・ビルマ系諸語における能格現象をめぐって」『言語研究』第90号
長野泰顔・立川武蔵編(1987)	『チベットの言語と文化』冬樹社
中村渉(1999)	「非能格自動詞と日本語における使役化」『言語研究』第116号
西隈俊哉(2002)	「受身と使役における連続性についての一考察」『南山大学国際教育セ

	ンター紀要』第3号
西田龍雄(1958)	「チベット語動詞構造の研究」『言語研究』第33号
西田龍雄(1879)	「チベット・ビルマ諸語と言語学」『言語研究』第76号　日本言語学会
任偉建(1995)	「日中両語使役表現の異同」『日本文芸研究』第四十七巻第一号　日本文学会
仁田義雄編(1991)	『日本語のヴォイスと他動性』くろしお出版
野田尚史・益岡隆志・佐久間まゆみ・田窪行則(2002)	『複文と談話―日本語の文法4』岩波書店
橋本進吉(1969)	『助詞・助動詞の研究』岩波書店
藤井正(1971)	「日本語の使役態」『山口大学研究論叢』二〇
星泉(1998)	「チベット語ラサ方言の述語動詞 yon の意味」『言語研究』第113号
堀畑正臣(1995)	「「(さ)せらる」(使役＋尊敬)の成立」『訓点語と訓点資料』第九十六輯　汲古書院
益岡隆志・田窪行則(1992)	『日本語基礎文法』くろしお出版
松下大三郎(1930)	『改選標準日本文法』改正再刊(1979)勉誠社
宮地裕(1969)	「せる・させる――使役(現代語)」．松村明(編)『古典語現代語　助詞助動詞詳説』學燈社．
森田良行(1971)	「受身、使役の言い方」『講座日本語教育』第9分冊　早稲田大学語学教育研究所
安藤貞雄(1996)	「使役構文と心理動詞――日英語比較統語論――」安田女子大学
山内洋一郎(1977)	「軍記における受身表現と使役表現」『国文研究と教育』奈良教育大学
山口瑞鳳(1989)	『チベット文語における自己使役法』平楽寺書店
山口瑞鳳(1994)	『チベット語述語の系譜と用法』成田山仏教研究所　紀要第17号　抜刷
山口瑞鳳(2002)	「二表現位相と仮説法――チベット語の基本的構造――」『成田山仏教研究所紀要』第二十五号
湯川恭敏(1966)	「チベット語の duu の意味」『言語研究』第49号
楊凱栄(1985)	「「使役表現」について――中国語との対照を通じて――」『日本語学』4月号　明治書院
吉田金彦(1971)	『現代語助動詞の史的研究』明治書院
楊凱栄(1989)	『日本語と中国語の使役表現に関する対照研究』くろしお出版
李思思(2000)	「現代日本語の使役表現――原因の表現形式について――」『地域文化研究』第3号
鷲尾龍一・三原健一(1997)	『ヴォイスとアスペクト』研究社出版
鷲尾龍一・黒田敦等(2002)	筑波大学現代言語学研究会『事象と言語形式』三修社
鷲見幸美(2003)	「使役移動動詞について」『JCLA 3』日本認知言語学会
格桑居冕(1981)	『蔵文文法教程』四川民族出版社
黄布凡(1981)	「古蔵語動詞的形態」『民族語文』雑誌
格桑居冕(1982)	「蔵語動詞的使動範疇」『民族語文』雑誌
謝広華(1982)	「蔵語動詞語法範疇」『民族語文』雑誌

馬進武(1984)	「蔵語動詞的三大特徴」『西北民族学院学報』雑誌	
孫宏開(1984)	「蔵緬語動詞的互動範疇」『民族語文』雑誌	
瞿靄堂(1985)	「蔵語動詞屈折形態的結構及其演変」『民族語文』雑誌	
譚克譲(1988)	「蔵語動詞的自動態与使動態」『民族語文』雑誌	
張済川(1989)	「蔵的使動、時式、自主範疇」『民族語文』雑誌	
戴慶厦(1989)	『二十世紀的中国少数民族言語研究』書海出版社	
敏生智編(1990)	『安多常用虚詞釈例』青海民族出版社	
杜若明(1990)	「蔵緬語動詞使動範疇的歴史演変」『言語研究』雑誌	
孫宏開、鄧玉玲(1993)	「蔵緬語親疏関係的計量分析方法」『言語研究』雑誌	
王志敬(1994)	『蔵語拉薩口語語法』中央民族大学出版社	
胡書津　編著(1995)	『簡明蔵文文法』雲南民族出版社	
瞿靄堂(1996)	『蔵族語言和文字』中国蔵学出版社	
黄行（1997)	「蔵語動詞語法範疇的相互制約作用」『民族語文』雑誌	
蔵族術語標準化委員会(1999)	『蔵語文研究論文集』民族出版社	
東主才譲(1999)	『社会言語学概論』青海民族出版社	
吉太加(2000)	『現代蔵文語法通論』甘粛民族出版社	
王志敬(2002)	『蔵漢語法対比』民族出版社	
格桑居冕・格桑央京(2002)	『蔵語方言概論』民族出版社	
周毛措(2002)	「蔵語的行為動詞和行為結果動詞」『民族語文』雑誌	

例文の出典

〈壁〉	『バカの壁』	養老孟司	2003	新潮新書
〈猛〉	『猛スピードで母は』	長嶋有	2002	文藝春秋
〈アジア〉	『アジアの隼』	黒木亮	2002	祥伝社
〈海辺〉	『海辺のカフカ（下）』	村上春樹	2002	新潮社
〈佐・○〉	『ことばの科学』「使役構造の文」	佐藤里美	1986・1990	むぎ書房

謝　辞

　わたしは、2000年に東京外国語大学に留学しました。2003年学習院大学で前田直子先生と運命的な出会いがあり、学問研究だけではなくその後の私の人生にも大きな影響を与えられることになりました。

　本論文は「日本語とアムド・チベット語の使役表現の対照研究」が表題となっておりますが、こうなったのは、かつて日本人の友人から「タシの日本語はえらそうに聞こえる」といわれたことがありました。理由は「使役表現をよく使うから」ということであり、これがアムド・チベット語を母語とする私が使役表現研究に取り組む主な動機となりました。

　2005年に提出した修士論文と同じ表題であるこの論文は博士の学位申請論文にまで発展しました。まだ未熟のものであることは自分でも承知しつつ、ネイティブチェックを入れて、このたび本の形になったのはうれしい限りです。

　本研究の全過程で、指導教授である前田直子先生と長嶋善郎先生より研究方法から内容にいたるまで細かいご指導を受けました。二人の先生はわたしが帰国後、わざわざ青海省においでくださり、旅の途中ホテルの一隅で指導してくださったことを今も忘れることができません。とりわけ、前田直子先生はこの論文を刊行する最後まで見届けてくださいました。また星泉先生には留学当初お世話になったこともあり、この論文の修正についても貴重なアドバイスをいただき、ご多忙中にもかかわらず序文まで書いてくださいました。ここに謹んで深甚なる感謝の意を表わします。

　また、本論文刊行に至るまでには、日本人の友人や同僚など多くの方々がネイティブチェックに関わってくださいました。ほかにもお名前をいちいち挙げ切れませんが、何も知らないまま日本へ渡った私の面倒を見てくださった日本の皆様、そしてアルバイトをしながら私の留学生活を支えてくれた妻と、この論文完成の最後の一時まで温かく見守ってくれた父にも感謝いたします。

2011年6月22日

タシツリン

著者略歴

札西才譲（タシツリン）

1967年　中国青海同仁県生まれ
1991年　青海民族学院チベット言語文学部　卒業
1991年　青海民族学院チベット言語文学部　講師
2000年　東京外国語大学留学（研究生）
2002年　大正大学綜合仏教研究所　客員研究員
2003年　学習院大学大学院博士前期課程入学
2006年　青海民族大学外国語学院　準教授（現在に至る）
2010年　博士（日本語日本文学）

主要業績

- 「アムド・チベット語における使役表現「geu jeug」について」『日本西蔵学会会報』52（2006）
- 「日本語とアムド・チベット語における使役表現の意味について ―日本語教育の視点から―」『世界の日本語教育』18（2008）
- 「間接関与型使役表現のアスペクト的な意味」『東洋文化研究』13（2011）
- 共著『日蔵ポケット辞書』甘粛民族出版社（2011）

日本語とアムド・チベット語の使役表現の対照研究

2011年9月30日　初版第1刷発行

著　者　札西才譲（タシツリン）
装　幀　笠間書院装幀室
発行者　池田つや子
発行所　有限会社　笠間書院
　　　　東京都千代田区猿楽町2-2-3［〒101-0064］
　　　　電話03-3295-1331　FAX 03-3294-0996

NDC分類：829.32

シナノ
（本文用紙：中性紙使用）

ISBN4-305-70566-2　©TASHI 2011
落丁・乱丁本はお取りかえいたします。
出版目録は上記住所までご請求下さい。
http://www.kasamashoin.jp